疾病与人类文明

［美］亨利·欧内斯特·西格里斯特（Henry Ernest Sigerist）著

秦传安 译

中央编译出版社

Central Compilation & Translation Press

CCTP

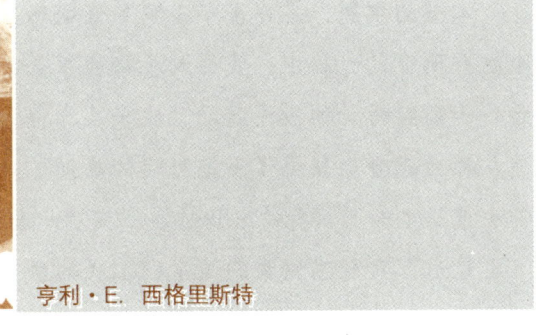

亨利·E. 西格里斯特

作者序

呈献在读者面前的这本书，其最初的基础，是 1940 年 11 月和 12 月我在伊萨卡城的康奈尔大学发表的 6 篇"梅森哲讲座"。我非常感激康奈尔大学及其出版社的主事者，他们允许我把这 6 篇讲座发展成一部包含 12 章内容的专著，我还非常感激他们在等待一部拖延太久的书稿时所表现出来的耐心。

在我撰写这本书的时候，我重新体验了那段非常愉快的日子，能在康奈尔校园度过这段时光是我莫大的荣幸。我衷心感谢大学当局，感谢教员和学生们给予我的愉快而热情的招待。我愿意在此特别提及特路莱德协会的诸位聪明而热心的成员，此次访学期间，我是他们的客人。我将非常愉快地时刻铭记，我们在很多夜晚所拥有过的那些令人兴奋的讨论。

本书的主题，是许多年来我一直很感兴趣的一个主题。在从事这些研究的过程中，我得到了梅西基金会的第一任会长路德维希·卡斯特博士的极大鼓励，我多次和他讨论这些问题，并通过他从梅西基金会获得了一笔可观的资助。这笔资助使我得以有条件去搜集本书所需要的原始材料，我对此表示深深的感激。

最后，我想感谢我的同事们，我的研究团队的成员们，尤其要感谢欧文·H.阿克内克特博士所给予的建议和批评；感谢我从前的学生和现在的合作者吉纳维夫·米勒，他非常积极地参与了本书的准备工作；感谢霍普·特里宾和珍妮特·布鲁克，他们帮助我整理书稿，以备出版。我非常感激纽约的哈罗德·沃德先生，他以批评的眼光认真阅读了手稿，并以宝贵的意见使之得到极大的改进。

亨利·欧内斯特·西格里斯特

约翰·霍普金斯大学医学史研究所

1942 年 8 月

目 录
Contents

食物，衣服，住房，职业，社会关系——在健康和疾病中，这些因素始终扮演着相当重要的角色。

疾病通过毁灭劳动力及个人和群体的谋生手段，从而直接妨碍了社会生活。

第3章　社会与疾病　082

当一个人病倒的时候，他就不再是这个社会中有用的一员，他退出了比赛。

第4章　在法律面前　110

任何形式的社会生活，都会有某种形式的社会控制。在一起生活的个体，作为一个家庭、宗族、部落或民族，都不得不遵守某些行为准则。

第5章　肆虐历史之魅　140

疾病降临在个人的身上，由于个人是历史这出大戏的演员，所以，一个权势人物的疾病很有

可能影响他的行为，从而带来它的历史后果。

第6章　宗教·巫术　　　164

巫术的、宗教的和经验的因素难解难分地混合在原始医学中，这使它有了自己独特的品格，本质上不同于文明社会的医学体系。

第7章　哲学的狂欢　　186

所有的哲学体系都在医学中有所回响，正如医学和科学的经验在哲学上有回响一样。

第8章　医学科学　　　　　205

随着时间的推移，对科学事实的评估和解释无疑会有所改变。那些今天看上去必不可少的因素，明天很可能被认为是次要因素。

第9章　虚构里的真实　　　　　225

作家总是从自己的经历出发，记下他所看到的，以及他所感觉的或思考的。他注意到，严重的疾病很可能成为一个人生活中的转折点。

第10章　敏感的艺术家　　　　　246

你不得不小心翼翼地通过一件艺术品来诊断疾病。艺术家可能非常写实地描绘他的对象，然而，除非看得见的症状十分典型。

第 11 章　"特效药"　　　　　266

如果音乐让身体健康的人都为之感动的话，那么，对于那些更容易接受外界刺激的病人，必定会留下更为深刻的印象。

第 12 章　文明的脚步　　　　　285

一个国家，可以产生伟大的画家、诗人和哲学家，但是，只要它的婴儿依然像苍蝇一样大批死去，只要芸芸众生依然生活在痛苦和饥饿中，就不能认为它是一个真正的文明国家。

导　言

　　"梅森哲讲座"所讨论的课题是"文明的演进",毫无疑问,在这一演进的过程中,疾病扮演了一个相当重要的角色。或许,任何两种现象之间的差别,最大的莫过于疾病和文明之间的差别,前者是一个物质的过程,而后者则是人类精神最伟大的创造。可是,这两者之间的关系却非常明显。

　　正如我们今天所想象的那样,疾病是一个生物过程。人体组织以正常的生理反应对正常刺激做出回应。它对千变万化的环境有着高度的适应性。我们能健健康康地生活在海平面上和高空中,生活在热带的核心地区和北极的刺骨严寒中,静如处子,动若脱兔,无所不适。我们的生物体可以调整它的呼吸、循环、

◆ 麻风村遗址

代谢及其他机能，以适应瞬息万变的环境，直至某些极限。当刺激的数量或质量超出了生物体的适应能力时，生物体的反应也就不再是正常的，而是反常的，或病态的。它们是疾病、受损器官功能或防御机能（它总是极力战胜损害）的征兆。疾病只不过是生物体（或它的某些部分）对异常刺激所做出的异常反应的总和。

然而，对个人而言，疾病不仅仅是一个生物过程，而且还是一段经历，它很可能是一段刻骨铭心的经历，对你的整个一生都有影响。既然人是文明的创造者，那么，疾病通过影响人的生活和行为，从而也影响着他的创造。

此外，疾病有时候不仅仅袭击单独的个人，而且还袭击整个群体；或是流行病为害一时，或是地方病长期肆虐。此时，一种疾病牢牢控制了一个群体或地区。这些群体的文化生活就不能不反映这种疾病的影响，正如我们将在很多实例中所展示的那样。

对早期历史和史前时期的人和动物遗骸所做的研究显示，疾病不仅遍及整个文明史，而且早在人类出现很久之前就普遍存在。我们完全可以有把握地假设：疾病就像生命本身一样古老，因为一直以

◆ 刻在石碑上的《汉谟拉比法典》

来就存在超出任何生物体的适应能力的刺激。对化石骨骼的研究进一步表明，疾病以我们今天所遇到的相同的基本形态，出现在所有时期。换句话说，为了有效地回应反常的刺激，动物有机体只配备了数量有限的机能——比如炎症、肿瘤，等等。

既然人类历史上任何时期都出现过疾病，那么，一切人类制度都必然受到它的影响，并且不得不以这样那样的方式对付它。法律试图控制人与人之间以及人与物之间的关系，因此不得不把病人考虑在内。如果不处理疾病和痛苦所带来的问题，那么，宗教和哲学就不可能解释世界，文学和艺术也不可能充分地再现世界。而且，人类一直在努力通过科学来掌控大自然，而征服疾病始终是这一努力的重要组成部分。

然而，问题还有另外的、完全不同的方面。病源始终牵涉两个因素：人及其所处的环境。每个个体都是两个生殖细胞结合的产物，他从这两个细胞中获得了两套染色体，每套染色体都含有基因，或称遗传因素。一个人必须用来面对世界的物质材料，在怀孕的那一刻就被一劳永逸地赋予了他，这一物质的一半，他将会传递给他的每一个孩子。因此，遗传是我们生命中的一个极其重要的因素，它在很大程度上控制着个体的身体外貌，他的寿命、智力，甚至还有他的性格和天资；它还对他在这一生中容易患上什么疾病大有影响。

然而，遗传并不像很多人所相信的那样，是不可改变的命运。远非如此。人的资质对他来说是给定的，但他可以健康地或有害地使用它，可以改善或损害它。他可以在有限的范围内改变他的身体外貌；比方说，按照遗传，他可能有成为胖子的倾向，但他可以通过节食和运动使体重下降。他可以发展他所拥有的智力和天资，但他也可能浪费它们。他可以通过明智的生活方式来延长生命，也可能通过滥用来缩短寿命。他可以克服性格中的某些特征，比方说，学会控制天生的暴躁脾气。因此我们看到，疾病的倾向不仅有先天遗传来的，而且还有后天获得的，后者在很大程度上取决于生活方式。

就在这个节骨眼上，文化的因素介入了。宗教、哲学、教育、社会和经济条件——任何能决定一个人生活态度的东西都会对他个人的疾病倾向发挥巨大的影响，而且，当我们考虑到疾病的环境原因的时候，这些文化因素的重要性就更加明显。

从怀孕的那一刻起，人的生命就在一定的环境中展开，这种环

◆ 底比斯的瘟疫

境既是物质的，也是社会的。胚胎——被很好地保护在处于恒定身体条件下的狭小世界里——从一开始就在他跟另一个人（母亲）的社会关系中发展。在这种亲密无间的交往中，他可能会受到伤害或感染。当这种情况发生时，婴儿生下来就会患上先天性的（不是"遗传的"）疾病。当一个孩子慢慢长大的时候，他的环境也在扩展。

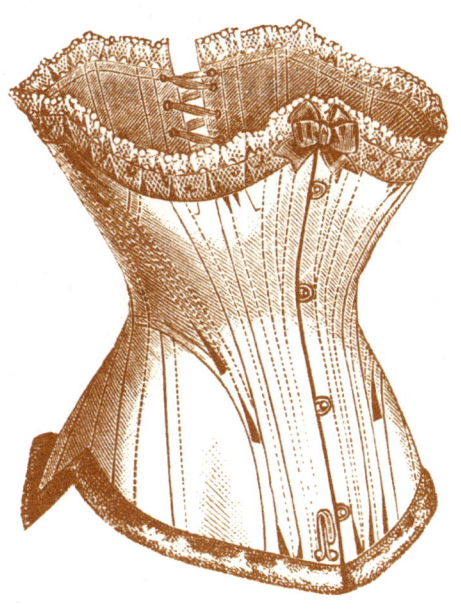

◆ 西方 19 世纪的紧身胸衣

首先，这个环境是家庭，或是街道纵横的城市，或是乡村环绕的农场。接下来，他到了上学的年龄，进入一个全新的世界，逐渐脱离了最初的社会单位——家庭，他暴露在强大的新的影响力之下。当他开始为生活而劳作、担负起作为一个公民的责任并建立起一个新的社会单位的时候，环境再一次拓宽。

对大部分疾病负有责

◆ 希腊陶器上描绘的饮酒

任的社会环境和物质环境，反过来又被如此深远地改变了人的生活的文明所塑造。我们不再遵循大自然的节奏——日出而作，日入而息。我们创造出了照亮黑暗的手段，能够在隆冬时节把我们的住处加热至夏天的温度。我们学会了按照所需要的数量和质量生产食物，有时候甚至完全不理睬春去秋来、季节交替。我们极大地提高了交通运输的速度，通过书写和印刷的艺术扩大了我们的记忆。我们不仅了解自己，而且还了解我们的历史。我们大部分人都是一夫一妻，整个一生中都深深地依恋我们的家人。我们一直试着在庞大的社会群体中和平相处——虽说未必成功。

在文明发展演化的过程中，它常常也产生了对健康有害的环境。文明的优势也带来了很多危害，并且是很多疾病的直接原因。

◆ 中世纪医院的遗址

给我们带来温暖、为我们烧茶做饭的火，同时也烧伤和焚毁我们的身体；每一种新的工具，在我们学会安全地操作它之前都是危险的。每一种工具，既可以用来行善，也可以用来作恶。

文明还创造了医学和公共卫生。它打造了战胜疾病的武器。当人类学会了管理和帮助土壤的自然生产力的时候，农业就诞生了。当他学会管理和帮助生物体的自然康复能力时，医学就诞生了。从经验主义开始，农业变成了科学的，而康复的艺术变成了医学科学。文明消除了许多健康危害，能够在相当大的程度上减少很多疾病的发病率，延长人类的平均寿命。

这篇简短的开场白就足以表明，文明与疾病之间的关系极为复杂。接下来的章节，将会讨论——尽管不是在彻底详尽的意义上讨论这种关系的某些主要方面，以及由此产生的诸多问题。

第1章

活着不易

文明还很年轻。因为之前有 50 万年的时间，人一直像野兽一样，生活在莽莽森林里，他的身体被毛发所覆盖，刨地觅食，夜宿山洞。在这一阶段，他无疑很容易遭受意外的伤害，也容易受到某些疾病的侵扰，就像今天的野生动物一样。

当他发现了火的效用，学会了如何把石头打磨成工具，如何用动物的皮毛抵御严寒的时候，文明便开始了。在被火光所照亮的山洞里，他有时会在洞壁描绘一些图画，画的是他平日里猎杀的对象：驯鹿，野牛，甚至还有猛犸。这样做究竟是为了抚慰被杀动物的亡魂，还是为了迷惑它们，抑或只是闹着玩的信笔涂鸦？谁能告诉我？

文明史上最大的一步，是在旧石器时代向新石器时代过渡期间跨过去的，在此期间，人学会了栽种植物，以满足他对食物的需要，学会驯化动物，帮他干活，为他提供肉食。他用柳条编织篮筐，当想到用粘土使这些篮筐变得更加结实时，陶器便被发明了出来。工具变得更加灵活，这些改良了的工具让他不再依赖于洞穴。

如今，他能够放倒树木，建造自己的栖身之所。一棵被掏空的树就是一艘小船，一艘装在轮子上的小船便是一辆车。此时，他多半还学会了说话，因此获得了更好的表达手段。家庭结合起来，组成了更大的社会群体，他们一起生活，一起劳作，遵循着一套套明确的规则。这些群体用自己的产品去交换其他群体的产品，就这样，贸易发展了起来。

所有这些巨大的发展，必定影响到我们祖先当中的发病率。很多危险被减小了；食物供应更有保障，抵御严寒和敌人的保护措施也更好。另一方面，人的自然抵抗力很可能被极大地削弱了，因为他越来越依赖于文明的产物。

食物，衣服，住房，职业，社会关系——在健康和疾病中，这些因素始终扮演着相当重要的角色。让我们简略地研究一下它们吧，先从食物开始。

1. 饥饿的幽灵

人需要氧和食物来维持生命。由于空气里包含着无限数量的氧，它很容易得到，氧的缺乏只有在非常环境下才会出现。生物体还需要一定数量和某种形式的食物，而要获得食物，人就必须竭尽全力。"你必汗流满面才得

◆ 粮食是生存的第一需要

糊口。"（《旧约·创世纪》3:19）由于自我保护和保存种类的本能是生命中最强大的动力，因此，食欲和性欲就一直是最强有力的刺激。

倘若补充已消耗能量所需的最少食物都无法获得的话，人对疾病的抵抗力就会减弱，长时间的饥饿最终会导致死亡。饥荒史是人类历史上悲哀的一章，更悲哀的是，这一章至今尚未结束。这个世界能够生产的粮食，远远多于其 20 亿居民所需要的，再加上最先进的农业方法和交通手段，饥荒因此毫无道理，也不可原谅。无论何时，只要发生这样的事情，那就表明：文明在某个地方崩溃了。

在过去的几百年里，每当饥饿的幽灵出现，环境总是各不相同。土地的产出比今天更少，运输工具更慢。有规律的食品进口，只有在那些有强大组织化政府力量的殖民帝国才会存在——比如在

◆ 都柏林街头纪念饥荒的雕塑

古罗马。这样的进口，常常以牺牲被征服的殖民地人民的利益为代价。千百年来，地球上的人口一直听天由命，靠天吃饭。作物歉收不仅通过食品短缺直接影响到人民，而且还通过失业及由此导致的贫困，从而给人民带来间接的影响。作物歉收总是导致农产品价格的上升，穷人——由于失业而变得更穷——所受到的打击最重。

在任何时代，饥荒总是导致社会动乱。仅仅出于自我保护的本能，人们也会在任何能够找到食物的地方拼命攫取食物，要么就偷钱去买。犯罪、抢劫和卖淫，都是众所周知的饥荒征兆。家庭四分五裂，儿女无人教养，就像俄国 1921 年的饥荒一样，当时，成群结队的流浪儿童成了一个严重的问题。人们被饥饿所激怒，随时准备揭竿而起。富裕家庭的视界一直沉湎于奢侈品当中，而当人们被剥夺了最起码的必需品的时候，他们就强烈地意识到了阶级的差别。对于 1789 年法国革命力量的释放，饥饿是贡献性的因素之一。罗马的皇帝们清楚地知道，让芸芸众生保持安静的最佳方式，就是给他们 panem et circenses（拉丁文：面包和马戏），也就是食物和娱乐——通常是较多的娱乐，较少的食物。公元 2 世纪，大约有50 万罗马居民靠公共救济为生。罗马皇帝们的榜样，被所有的独裁者所效仿。

饥荒总是为很多疾病提供了富饶肥沃的滋生地。食物的缺乏，不仅使人产生水肿和特有的营养缺乏症，而且还通过减弱人的抵抗力，从而使人更容易受各种传染病的感染。由于饥荒使正常的生活陷入混乱，人们的环境也就变得更加糟糕。虱子茁壮兴旺，斑疹伤寒到处蔓延。供水系统和食物控制的破坏，导致伤寒、痢疾和霍乱的流行。瘟疫的编年史通常会报告，在东方的某个地方，在中国或

◆ 饥荒总是与死神相伴

印度，流行病总是始于干旱和饥荒。这个过程不难理解。干旱导致作物歉收，粮仓空空如也。老鼠及其他啮齿动物只好更紧密地向人靠近。如果这些啮齿动物当中碰巧发生了瘟疫，疾病就有很好的机会被传染给人。接下来，它就像熊熊燃烧的野火一样，在人与人之间传播、蔓延。

饥荒使得大规模的人群处于动荡不宁的状态，这一事实使原本糟糕的环境变得更加糟糕。在过去，当人们更少行动自由的时候，这一点并不觉得那么严重。中世纪的奴隶除了待在原地饿死之外，别无其他的选择。然而，在最近的饥荒中，特别是在前面提到的俄国饥荒中，人们背井离乡，迁往受影响较小的其他地区。在这个过程中，他们把自己所患的流行病传播到四面八方。

饥饿或对饥饿的恐惧，是很多国家移民的原因。像尼罗河流域或米索不达米亚地区那些富饶肥沃的国家，对一些不那么幸运的国家来说，是非常诱人的目的地。曾几何时，每一个千年，都有阿拉伯半岛的闪族部落侵入邻国的领土。食物的匮乏，使众多的阿拉伯部落团结在穆罕默德及其继任者的领导之下，是他们征服四方的驱动力。公元 5 世纪，饥饿把日耳曼部落赶进了丰饶的意大利平原。在一个类似的规模上，我们发现，1846～1847 年间的马铃薯歉收，驱使成千上万的爱尔兰人背井离乡，前往美国。

欧洲的历史记录了很多的饥荒，有时是地方性的，有时是普遍的。879 年和 1162 年就发生过这样的普遍饥荒。1586 年，英格兰的一次饥荒导致了"济贫法体系"。几个世纪以来，在俄罗斯，饥荒平均每 10 年发生一次，严重的作物歉收每 5 年出现一次，直到十月革命之后，农业遵循科学的路线被组织起来。在印度，六分之五的人口靠农业为生，最轻微的作物歉收也会造成巨大的影响。1770 年孟加拉的饥荒使三分之一的人口命丧黄泉。100 万人死于 1899～1901 年间的饥荒；1916 年之前的中国历史，充斥着关于粮食匮乏所导致

◆《圣经》中所描绘的饥荒

◆ **查理曼大帝**

的更大灾难的报告。

从查理曼大帝时代一直到工业革命，欧洲的人口增长非常缓慢。它取决于土壤的生产能力。随着机器的引入，这种情况得到了改变。运输工具的改进，使得人口的增长可以超出土壤的自然生产力。打这以后，饥荒就是人为的，是管理不善、战争和封锁的结果。数百年来，战争一直是统治家族之间的竞争，由职业军人去冲锋陷阵。从拿破仑时代起，战争成了国家之间的斗争，用饥饿迫使敌国投降，成了最流行的战争手段之一。1871 年巴黎在忍饥挨饿，1917～1918 年间是德国及其盟友。没人知道今天的战争所导致的饥荒会传播到多远，也不知道它会占到多大的比例。

在西方文明国家，严重的饥荒如今相对罕见，主要是伴随着重大的历史事件而发生。然而，有另外一种形式的饥饿是世界性的，甚至会发生在一些高度工业化的国家。它并不惊心动魄，也不那么严重，但却像一种地方病一样消耗着人的生命活力。这种饥饿的形式被命名为"营养不良"。它的原因主要是社会的和经济的，而且在某种程度上，要归因于缺少教育。请允许我从自己在不同国家的经历中举出几个实例。

　　南非的土著人（占总人口的 70%）是黑人，是庞大的班图族的成员。他们往往是农夫和武士，拥有大群的牲畜。他们的日常食物主要包括牛奶、玉米和各种药草，这种结合使他们的饮食相当均衡。白人占领了这个国家，并剥削土著人，用他们充当农场劳工，在白人的大庄园里租田种地；要么就在土著人的保留地里给他们小块土地——在土地可用的时候通常一个家庭不超过 10 英亩。班图

◆ 南非的土著人

人的经济依然是畜牧经济，一个人的社会地位不是取决于品质，而是取决于他所拥有的牲畜的数量。结果，小块的土地被过度放牧，喂不饱他们的牲口。母牛没有奶水，公牛瘦弱得拉不动犁耙，玉米长得稀稀落落。当政府鼓励人民饲养绵羊的时候，情况变得更加糟糕。这些动物因为过度密集的放养而毁掉了牧场，当人们认识到这个错误的时候，已经为时晚矣。每当他们陷入匮乏的时候，就卖

掉自家的某件东西。另一个并发症随之而来：在跟白人交往的过程中，土著人抛弃了他们从前习惯于吃的那些药草，而此时，他们尚没有学会种植和腌制蔬菜。

所有这些发展，其结果是，南非的土著人极度贫困。营养不良及其带来的所有可怕后果，已经成了常规，卫生条件非常糟糕。超过 50% 的孩子长不到 15 岁。在特兰斯凯地区（一个有着 130 万人口的土著人保留地），据估算，一个女人需要怀孕 12 次，才会有两个孩子幸存下来；8 次怀孕以流产告终，4 个孩子出生，其中至少有两个孩子夭折。

巴尔干半岛的一些国家，或许算得上是欧洲最好的农业地区，然而，在所有这些国家当中，农业人口都贫穷、营养不良和不健康。一般死亡率和婴儿死亡率都非常之高，这一点，我们可以从下面这张表中看出：

1931 ～ 1935	一般死亡率 （每 1000 人口）	婴儿死亡率 （每 1000 新生儿）
罗马尼亚	20.6	182
南斯拉夫	17.9	153
希腊	16.5	122
匈牙利	15.8	157
保加利亚	15.5	147

在战前，南斯拉夫的农民生产了大量优质的牛奶、黄油、干酪、鸡蛋，还有或许是欧洲最好的家禽，但他们自己却靠玉米面包和豆类食品为生。为了缴税，他们不得不卖掉自己的产品，大多数被出口，以换取那些并不能让人民大众受益的进口品。土地的分配非常不平均。95% 的农民家庭所拥有的土地加在一起，不到可耕土

地总量的一半，而 5% 的家庭占有一半以上。大多数农场家庭所拥有的土地不超过 8 英亩，而维持一个人的生计需要 2 英亩。

在罗马尼亚，农民构成了总人口当中的压倒性多数，当大萧条处于最低谷的时候，他们破天荒头一遭养育了营养良好的一代。当时，没有农产品市场，农民们吃自己生产的食品。结果，他们没有办法缴税，主要的受害者是政府薪水册上的大量雇员。

所有这些状况，都不是自然的结果，而是人祸。它们源自这样一种文明的特征：这种文明是为了少数人的利益而发展起来的，付出代价的却是人民大众。对我们的文明来说，一个令人悲哀的注脚是：在经过 5000 年的发展之后，我们至今尚未学会如何为所有人

◆ 穷人的晚餐总是因陋就简

提供他们的生物体所需的食物。我们已经有了实现这一目的所必须的科学知识。我们知道如何提高土地的生产力，如何改善农作物的质量和数量。但是，当说到食物分配的时候，我们却抛弃了科学，听其自然；或者，我们错误地认为，当我们分配少许食物作为一项救济措施的时候，我们已经尽到了自己的本分。

食物是人的基本需要，无论是谁，只要他工作并因此对社会生活做出了自己的贡献，他就有权得到他的生物体所需要的一定数量和质量的食物。在过去，人们都以听天由命的态度接受饥荒和营养不良，相信它们来自人类所不能控制的某些力量。在启蒙运动和自由民主政府建立200年之后，这种态度正在迅速改变。我们开始认识到，在富足当中，人没有道理忍饥挨饿或营养不良。我们看到，这是一个能够且必须改变的社会组织的不可避免的结果。就在撰写本书的时候，世界正经历有史以来最大的危机之一。这场危机的主要问题之一，无疑是争取社会保障的斗争，争取工作权利和吃饭权利的斗争。

2. 暴饮暴食之害

如果说食物匮乏是疾病的一个重要原因的话，那么，过量的食物对健康也是有害的。你有时或许听人说过，死于暴饮暴食的人比死于饥饿的人还要多。这个说法非常肤浅，通常是生活富足、衣食无忧的城里人说的。他们从未饿过肚子，也没见过城里贫民窟或贫困乡村地区的状况。毋庸置疑，暴饮暴食对肠胃有害，而且会给循环器官带来过重的负担。然而，处于饱腹危险之下的人，跟饱受营养不良之害的人比起来，其数量简直可以忽略不计。

人们的饮食习惯已经有了很大的改进，特别是自第一次世界大战之后。由于战时经济所导致的一些限制被证明在很多情况下是有益的，并且证实了营养科学的一些假说，暴饮暴食不再流行，富人的一日三餐变得比从前更加简单。在过去的几百年里，大腹便便一直是兴旺发达的标志，并给人带来社会声望。

一般说来，一个富有的希腊人，他的日常饮食通常很节俭，共和国时代的罗马富人更是如此。在帝国时代的罗马，当精致的美味佳肴从古代世界的各个地方输入的时候，情况就发生了改变。一顿正规的晚餐有七道菜：开胃小菜，三道主菜，两道烧烤，加上餐后甜点。在中世纪，很多修道院和贵族之家都以食物丰富而著称。数百年来，饮食上的放纵不曾让人大皱眉头，相反被认为是富人的特殊待遇。贵族树立了榜样，中产阶级热衷于效尤，只要他们有这样的经济能力过奢侈的生活。而对农民和城市手工业者来说，一场婚礼或一次守灵聚会，就是他们放开肚皮胡吃海喝的大好机会。17世纪的荷兰画家们醉心于描绘大量的丰盛食物。1768 年，一个英国乡村绅士的晚餐包括：

> 一块烤羊胛和一份葡萄干布丁；小牛排、马铃薯、冷舌、火腿、烤牛肉和鸡蛋；喝的有潘趣酒、葡萄酒、啤酒和苹果酒。

詹姆斯·伍德福德还给出了 1774 年的一份"讲究的"晚餐菜单，它包括：

第一道菜：一条大鳕鱼的一部分，一块羊脊肉，一些汤，一块鸡肉派，布丁和菜根，等等；第二道菜：鸽子和芦笋，一份用蘑菇和高汤烹制的无骨牛排，烤杂碎，热龙虾，杏饼，中间是一个用奶油甜点和果冻搭成的金字塔。餐后有水果甜点，喝的有马德拉白葡萄酒、白波特酒和红葡萄酒。

1890 年 8 月，萨拉托加温泉的合众国酒店的一份晚餐菜单包括：

半壳牡蛎，苏特恩白葡萄酒，海龟汤，橄榄，清炖鲑鱼，豆豉汁，马铃薯丸，杂碎，豌豆，红葡萄酒，无骨牛排，菜豆，口蘑汤，马铃薯泥，香槟酒，罗马潘趣酒，奶油沙司鸡肉，松露汁，淡水龟，油炸马铃薯片，鹌鹑，盐焗杏仁，莴苣，干酪，薄脆饼，羊乳干酪和软白干酪，冰块，蛋白酥皮，水果，咖啡，雪茄，本尼迪克特酒。

如今，大概没人认为这样一顿晚餐是盛情款待，相反会被看作是一次折磨。人们已经知道了卡路里，时尚要求他们身材苗条。在世界上有数百万人食不果腹的同时，很多富人却在为了时尚而心甘情愿地忍饥挨饿。

过度饱食并不是一种有任何社会意义的威胁。然而，过度饮酒却是远远严重得多的威胁，因为它影响到所有的阶层。

有趣的是，酿酒可以追溯到最遥远的远古时期。这门技艺看来就像农业本身一样古老，而且想必是在世界各地被自然而然地发明

◆ 埃及十八代王朝时期的纳黑特（Naklit）古墓中发掘出的一幅壁画（fresco）

出来的。用发芽的谷物制造出来的啤酒，在埃及和巴比伦尼亚非常流行，葡萄酒在埃及是用葡萄酿制的，而在巴比伦尼亚则是用枣子酿制。加入各种不同香味的葡萄酒是希腊和罗马的酿造酒。希腊人把水跟酒混合在一起，不仅仅是为了让它更淡，而且为了让它不那么甜。在引入葡萄之前的北欧，酒是用野花蜂蜜酿造的，在远东，酒是用大米酿造的。

对酿酒的渴望，以及它的普遍流行，要归因于各种不同的原因。首先，它是作为食物被消费掉的。在埃及，面包和啤酒是穷人的食物；在巴比伦尼亚，啤酒部分程度上是作为薪水支付的。这些酒都是一种令人愉快的食物，因为它们有很好的味道。它们所包含的酒精尽管是适度的，但度数也高到了足以消除压抑，使得其效果让人觉得很刺激。

在古代大多数宗教仪式当中，酿造酒的使用也有一席之地，从奥西里斯神的崇拜，到狄俄尼索斯的崇拜，最后是基督教教堂的宗教仪式。酒影响人的心智，放松人的舌头，往往会制造"狂热"。红酒有着生命物质——血液——的颜色，因此成了血液的象

◆ 酒也是一种麻醉品

征。把死去的蔬菜和动物尸体转变成活的物质，看上去就像是一个神话，吃的行为具有了宗教仪式的意义。在用餐之前，希腊人和罗马人总是先把食物祭献给神，基督徒则说"感谢上帝的恩赐"。遵照某些宗教仪式，食物被带入圣餐仪式中，这些制度可以在所有古代文明中找到，从希腊人的"酒会"（symposium），到基督徒的"爱筵"（agape）。在这些宗教仪式中，酒扮演了一个重要的角色。

在有人喝酒的地方，醉酒的情况总是时有发生。它通常被人们所接受，并被认为是理所当然的事；当有人提出反对的时候，这种反对更多的是由于审美的原因，而不是由于道德的或保健的原因。照例，南欧人通常是节制的，习惯性的醉酒在出产葡萄酒的国家更少见。在人们学会了提取"酒精"之后，酒精中毒便成了一个严重的健康问题。蒸馏的过程在远古时期就被人们所知，但直到13世纪，它才得到了更普遍的应用，接下来主要是用在调制药物上。高度浓缩的含酒精饮料——所谓的"烈性酒"——成了一种危险，因为它们为逃避不愉快的现实提供了一种方便、快速而且相对便宜的手段。

在我看来，喝酒有两个主要原因。一个原因是社会和经济的。痛苦、贫困的生活环境，缺乏教育和娱乐的便利条件，驱使一个人喝酒。1913 年，在俄国，每个人年均消耗的伏特加酒高达 8.1 升（或 2 加仑）以上，一个工人花在买酒上的钱平均超过其工资的四分之一。当十月革命之后劳动者的生活条件有所改善的时候，酒的人均消费量稳步下降。1931 年是 4.5 升，1935 年是 3.7 升。

任何时候，人们只要被痛苦感和压抑感紧紧地攫住，他们就越想在饮酒当中寻求遗忘。他们越沉湎于喝酒，就变得越压抑、越沮丧。白人的征服，既要归功于火器，也要归功于烈酒。酒精对美洲印第安人的影响众所周知。印第安人所使用的兴奋剂一直是烟草，这玩意儿并不醉人。威士忌摧毁了他们的抵抗，使他们很容易成为剥削的牺牲品。同样的征服手段也被应用于世界上的其他地区。

有害酗酒的另一个原因，可以在民间习俗和群体习惯中找到。既然酒精可以消除心理的抑制作用，使人们口无遮拦，于是，每当人们为了社会交往而聚在一起的时候，开怀畅饮就成了一种惯例。这种酗酒风俗，也影响到了受教育程度最高的阶层。虽说情况并不那么吓人，但依然会产生非常有害的后果。

经验表明，禁令并不能战胜酗酒，相反，它倒是无心插柳地美化了喝酒。社会和经济条件的改善会带来更大的社会保障，这样就会消除酗酒的一个主要原因，并因此使得风俗习惯的根本改变成为可能。这个过程很慢，但完全可行，事实上，已经取得进步。年轻人比过去更有健康意识，更喜爱体育运动。人无完人，金无足赤，

他不愿意、也不应该仅仅只是为了保持自己的身体健康而活着。人们总是渴望有一点点刺激，以抵消日常生活中的乏味和劳累。这种需要，可以通过像啤酒和葡萄酒这样的饮料，来合理地予以满足，适量地喝这些酒，就不会产生有害的影响。

◆ 现代营养学的先驱李比希

在世界上的其他一些地区，各种不同的麻醉品——比如鸦片、大麻、仙人掌之类——扮演了一个跟酒类似的角色。刺激但不醉人的药物——特别是茶、咖啡和烟草——在全世界都深受欢迎。过度使用这些都是有害的，但其中有些却有着非常有益的效果。在中国，喝茶的普遍习惯迫使人们把饮用水煮沸，因此防止了很多肠道疾病。

饮食学在古代就得到了高度的发展。希波克拉底的一些最优秀的著作都涉及饮食学，非常详细地讨论了不同食物的品质和效果。然而，现代营养科学却非常年轻。这一领域的开拓者是化学家尤斯图斯·冯·李比希（1803～1873），他在有机化学上的发现被应用于农业和畜牧业，这是在人体生理学被关注很久之前的事。1873年，伟大的卫生学家马克斯·冯·佩腾科弗发表了一个很有特点的观点：

　　一个引人注目的事实是：今天，一个受过教育的农夫准确地知道，他应该喂给一头猪、一头绵羊、一头奶牛或公牛多少分量的蛋白质及其他物质，如果他想要产生一个明确结果的话。他知道，要想维持生命、养肥、产奶或肌肉发达，饲料需要什么样的成分。然而，营养科学这颗冉冉升起的太阳，它的光线却很难照到人的身上。

对植物和动物的营养研究，得到了人们的欣然鼓励，因为它们的好处很容易看出来。但对于把这些研究扩展到人类的营养，却有人明确反对。这样的研究看起来似乎毫无意义，因为人们相信，人不像动物，他是有智力的，知道什么对自己有益。人类种族已经生存了千百万年，而且在对卡路里一无所知的情况下茁壮兴旺。所有人都是凭着本能找到了他们所需要的食物，找到了最适合他们生活于其中的气候。在很多人看来，在人与动物之间划等号似乎是一件很丢脸的事。

对于这些反对意见，佩腾科弗有一个非常中肯的回答。他说，最大的差别，莫过于一位哺乳期母亲的心灵与一头奶牛的心灵之间的差别，但是，二者所产出的奶却非常相似，以至于可以彼此互换着使用。我们用母牛的奶喂养孩子，反过来用母亲的奶喂养小牛犊也并无不可。有钱人可以买他们想要的所有食物，高兴怎样组合就怎样组合，想要什么质量就什么质量。但那些只能获得最低数量食物的穷人，他们应该购买什么样的食物才更划算呢？或者，几乎没有什么选择余地的军队士兵、监狱里的囚犯，以及避难所里的难

民，应该给他们什么样的食物，才能保持他们的健康状况良好呢？佩腾科弗最后得出结论，这些都是对营养标准的明确需要，只有生理学研究才能建立这样的标准。

卡尔·沃特是李比希的学生和佩腾科弗的合作者，在这一领域做了一些开创性的工作。他的一位学生马克斯·鲁伯纳非常成功地继续了这些研究。在最近这些年里，营养科学在美国获得了高度的发展。维生素的发现尤为重要。人们发现，像佝偻病、坏血病、脚气病和糙皮病这样一些令人恐惧的疾病，其实都是营养缺乏症，或者是由于缺乏某种维生素导致的。治疗和预防这些疾病于是成为可能。

◆ 詹姆斯·库克对预防长期航行中出现的坏血病方面有所贡献

这里，正如在很多的实例中一样，经验先于科学。坏血病是海上航行的噩梦。它袭击航行船只上的船员和乘客，导致大批人员病亡，有时候甚至使整个探险毁于一旦。在维生素 C 被发现很久之前，人们就已经知道，新鲜的水果和蔬菜能够治疗和预防坏血病。早在 17 世纪，驶向东印度群岛的荷兰船只就曾装载大量的柑橘，酸橙汁成了英国航海帆船的主食。1711 年，一位名叫亚伯拉罕·博加尔特的荷兰医生写下了这样一段预言性的话：

我希望，我的那些如此啰里啰嗦地讨论如何治疗坏血病的同僚们能够认识到，田间地头的青青小草，尽管看上去很不起眼，但对于治疗这种疾病来说，却比他们所有凭空想象的智慧和包治百病的万灵妙药都更加有效。

如今，我们知道，有益健康、营养平衡的饮食应该是什么。如果世界上依然存在大量的营养不良，那么，缺乏教育必须与负主要责任的社会因素和经济因素分担罪责。饮食习惯被古老的传统所决定，因此非常顽强，很难改变。在这一领域，教育有一项尤其困难的任务，因为，错误的饮食并不是一个显而易见的杀手，它也不会立竿见影、马上致病。它使得人们体质不佳，为疾病的发展准备好了滋生的温床。因此，改变传统饮食习惯的需要未必总是那么明显。我们还有很长的路要走。

3. 衣饰不仅仅为了审美

说到衣服及其对健康的影响的历史，我们必须区别对待不同的气候。在热带地区，压根不存在对衣服的物质需要；人们完全可以赤身裸体地生活，即使他们穿上衣服，那也绝对不是为了防寒保暖。另一方面，在北极，身体被包裹得严严实实，那是一种保护措施，为的是减少体热的损失。而在我所生活的温带地区，衣服则服务于各种不同的目的。

《圣经》把穿衣的习惯归因于原罪（《旧约·创世纪》第 3 章第 7、21 节）：

他们二人的眼睛就明亮了，才知道自己是赤身露体，便拿无花果树的叶子，为自己编作裙子。

耶和华神为亚当和他妻子用皮子做衣服给他们穿。

◆ 热带非洲人的装束

这一解释，暗指人们最初不知羞耻为何物，羞耻感是次生的，是文明的产物，在这个意义上，这个解释是对的。但它假定，羞耻让人联想到无花果叶，而不是联想到仿效披戴无花果叶的行为，从而颠倒了顺序，在这个意义上它是错的。

在动物界，大自然经常把雄性造就得比雌性更加惹人注目。雄狮有鬃毛，公鸡有鸡冠和华丽的羽毛。随着文明的发展，人类的男性自己动手，获得了大自然拒绝给予他的东西。彩绘、纹身和装饰性的疤痕，都先于正规的衣服出现，而且男人对这些装饰的使用比女人更迅速、更经常。其目的明显是为了创造性的刺激，在某些情况下，也是为了标示个人的等级，或者有某种巫术意义。

接下来的一步是，人开始用外在的物件装饰自己——用项链、手镯、指环以及诸如此类装饰品——并且用衣服装饰自己。这些物件是为了装饰而穿戴的，并且经常是（但并非专门是）作为护身符，保护他免遭邪恶的精灵和邪恶的眼睛所伤害。衣服穿在身上，以遮蔽身体的某些部位，并因此吸引对它们的关注。衣服的首要目的是性刺激。

热带地区最初的衣服是腰带，后来发展成了缠腰、裙子；当它被悬挂在肩部的时候，就发展成了衬衫和斗篷。当人向北迁徙，衣服同时还要充当抵御严寒的保护物的时候，裤子便发展出来了，多半是从缠腰发展来的。裤子成了北极地区典型的衣服。在爱斯基摩人当中，无论男女都穿裤子。在非洲的热带地区，男女都系腰带或穿裙子。在希腊和罗马，热带服装盛行一时，基本上由裙子和斗篷、长内衣或披肩以及大长袍、套衫和大披肩组成。只有北方的野蛮人才知道穿裤子。

◆ 缠腰

改变发生在中世纪的欧洲。当时，幽闭深闺、足不出户的妇女保留了热带服装，而男人则逐步采用了北极地区的服装。装束的历

◆ 希腊女性的装束（特洛伊的海伦）

史，就像镜子一样反映着欧洲的社会史和经济史。在封建社会，每个人生下来都有一个身份，每个封建庄园都有其独特的装束。贵族、教士、行业成员、手艺人和农夫，全都穿着各异。他们的衣服在样式和材料上五花八门。社会地位越高，材料就越昂贵，衣服的皱褶就越多。直到最近，军人一直有华美的制服。它们的目的，是为了让军人对女性来说比其他的凡夫俗子更有吸引力，以补偿他们所冒的职业风险。非常漂亮的全国性装束在农业人口当中发展出来了。有些是对宫廷服装的改编，另外一些则是对天生美感的表达。它们一直被使用了很多个世纪，只有很小的改动。如今，它们在很多国家得以复兴，这既是日益增长的民族主义的结果，也是因为农民比过去更受重视。

中产阶级的崛起，也被准确地反映在装束中。当两个世界在法国大革命中发生碰撞的时候，裤子便成了党派的符号。贵族坚持穿马裤和裙裤，而平民百姓则是无套裤，换句话说，他们不穿马裤，而是穿长裤。中产阶级的胜利，以及民主的兴起，废除了特权装束，它们只被保留在封建主义的残灰余烬当中——王室宫廷、上议院、天主教堂及类似机构。当越来越多的服装由工厂制造出来、生产价廉物美的漂亮服装成为可能的时候，服装上的阶级差别也就差不多消失殆尽了。

女性的解放，以及她们越来越多地参与生产的过程，参与体育运动及其他通常由男性独霸的职业，这些对服装都有着深远的影响。事情走得如此之远，以至于女人有时候甚至抛弃了传统的服装，采用了热带的模式，穿起了睡衣裤、宽松裤，甚至是短裤。

衣着一旦不再是阶级差别的符号，它在性方面的功能也就变得更明显了。由于性事上人们也是"喜新厌旧"，所以，整个民主时代的女性时尚是一次次不断转变的努力，企图遮蔽或暴露后背、乳房、双臂、小腿和大腿。依据女人希望自己看上去是显得有女人味，还是有男孩子气，决定了第二性征是被突出强调，还是被极力最小化。马奈画中的女人穿着裙撑（或称臀垫），那是一种十分精巧的装置，极大地强调了自然的球形，这在今天被紧压在腰带中，主要是为了丝绸和橡胶工业的利益而被穿在身上。

近些年，像法西斯主义之类的反动运动，在装束上也有非常有趣的反映。由于它是一场男人们的运动，喜欢把女人交给厨房，因此它只影响到了男人的穿着方式。严格管制人民并把他们分为两个群体——领导者和被领导者——的倾向，导致了对制服党衫的采用。由于法西斯主义是反民主和等级制的，因此它极力尽可能让更多的人穿统一制服，佩戴表示等级的徽章，很像沙皇俄国的情形。法西斯主义的民族主义倾向，是农业人口当中一场民族装束复兴的主要原因。

现在，我们必须试着找出穿着对健康有什么样的影响。装饰性

◆ 中国最后的裹脚女人

的疤痕、纹身及类似的装饰，就其本身而言并无害处，但从现在已知的一些病例来看，它们所带来的疼痛会导致角化癌和皮肤癌的发展。疼痛可以是一种对皮肤的保护，但在某些病例中，它也是一种刺激。一切伤害或致残身体的穿着习俗，明显都有不好的影响。在中国女孩身上施行了几百年的裹脚，使她们变成了无助的跛子。中国妇女的解放，是从反对这一习俗开始的。在西方，人们对裹脚一无所知，但由于小脚在很多时期都被认为是女性美的特征，于是鞋子经常被做得太小、太窄，因此给脚趾带来破坏性的影响，以至于我们的祖先饱受鸡眼和嵌甲之苦。曾几何时，上流社会的男人和女人都穿高跟鞋。其目的是让穿高跟鞋的人看上去更高，并赋予他一种优雅的姿势和稳健的步态，这些似乎是尊贵显赫的标志。随着法国大革命的爆发，男人抛弃了高跟鞋，但女人依然在穿，至少是在晚上穿，也不管有多么不便。高跟鞋的有害影响显而易见，它不是把全部的身体重量放在整个脚上，而是落在脚的非常小的一部分上。

　　西方世界倒是不裹脚，但几个世纪以来，它一直在裹女人的腰。紧身胸衣是巴洛克时期的产物。巴洛克艺术打破了希腊立柱那种高贵的直线，代之以螺旋形立柱，发展出了一种螺旋形的、曲线

◆ 8 世纪西欧女性的装束

的、凸凹有致的建筑。女人的身体服从于决定这一时期风格的同样规则。高大的发型或假发，涂脂抹粉的脸蛋，凸起的乳房，细腰宽裙，随着衬裙的出现使裙子更加宽大，女人看上去就像是一个花瓶，放置在一个宽阔的底座上。法国大革命连同它的罗马理想，把女人从紧身胸衣中解放了出来，在短短的两个十年里，她们的穿着打扮看上去就像是罗马贵妇。但复辟使得紧身胸衣卷土重来，然后，它就成了一个无意识的符号，象征着女人依然是男人的封建女仆。那种只赋予男人权利的民主制度发展起来了。但是，有千百万妇女正在工厂里挥汗劳作——没有穿紧身胸衣。她们的劳动使得纺织业及很多其他产业成为可能。到了她们要求跟男人权利平等的时候了。紧身胸衣索性被扔到了一边，大约在这一时期，女人赢得了投票权。

　　紧身胸衣多半是发生在 18 世纪很多女士身上的抑郁症、昏厥和痉挛的主要原因。它裹得越紧，对健康的影响就越糟糕。通过压迫胸部的下半部分和腹部的肌肉，紧身胸衣严重损害了呼吸。它还使得肝脏变形，压迫肝、胃及其他腹部器官，并使它们产生位移。它极力压迫血管，以至于呼吸、消化和循环系统都受到了严重的影响。几乎所有的疾病，都可以归咎于紧身胸衣。这或许言过其实，但毫无疑问，这种该死的衣服对女人总体的健康和精神活力有着非常糟糕的影响，并因此对很多病例的发展做出了很大的贡献。总之，紧身胸衣使得女性成了柔弱无力的性别。

　　人的血肉之躯，只有两个地方可以用自然的方式悬挂衣服：臀部和肩膀。如果不使用压力，要想让衣服乖乖地附着在任何其他部位都是不可能的。希腊人和罗马人的乳罩——被称作 strophion 或 mamillare——纯粹是一根双头绷带，为了不让它掉下来，不得不把它牢牢地系住。现在的乳罩要高级得多，因为它

◆ 9 世纪西欧女性的装束

挂在肩膀上。中世纪的连裤袜把整条腿都给罩住了，被悬挂在臀部上。在 16 世纪，连裤袜被分成了两部分：长袜和短裤。长袜的附着提出了一个很不容易卫生地解决的难题。穿在膝盖以下或之上的吊带袜必须很紧。因此，它压迫血管，对静脉曲张在某些有这种疾病倾向者身上的发展做出了贡献。

希腊人和罗马人的衣服——束腰外衣和斗篷——很少，穿得很宽松，随意地披在身上，很容易保持清洁。从 13 世纪起，衣服都是量身裁制，使用的材料越来越重，穿在身上的衣服数量也稳步增长，要保持清洁更加困难。脏兮兮的衣服成了虱子的滋生地，虱子是诸如斑疹、伤寒和回归热之类病毒的携带者。

人穿得越少就越干净，这似乎是一个规律。热带非洲的土著人非常干净。欧洲人穿的衬裙及其他衣服越来越多，欧洲于是变得越来越脏。重新变得干干净净是非常晚近的成就，尽管在古代的希腊和罗马，所有阶层都经常洗澡。迟至 1873 年，佩腾科弗说过这样的话：很多人满足于在 24 小时之内只用四分之一夸脱洗浴用水，而且，洗浴设备在慕尼黑人的家庭里非常罕见。在那年头，甚至更晚一些时候，大多数人一个礼拜只在星期六晚上或星期天早上洗一次澡。一个礼拜只换一次内衣。这里说的是德国，但整个欧洲大陆也是一样。而英国，以及受到英国影响的美国，却是引人注目的例外。

如果我们还记得衣服的主要目的是装饰的话，那么这些情形的解释就不难找到。肮脏从来不被认为是赏心悦目的景象。任何时候，如果人们穿着很轻便、很暴露，那他们更多的绝对不是为了干净卫生，而是为了审美。然而，衣服可以遮住肮脏，只需把人们

◆ 9世纪西欧女性的装束

能够看到的部位——脸和手——洗干净了，似乎也就足矣。女人的大腿裹着绫罗绸缎确实迷人，即使衣服底下脏啦吧叽。男人的衬衫如果看不见的话，就大可不必保持干净，只要领子和袖口干净就行。领和袖都是可以拆下来的，好让它们比衬衫换得更勤。

干净成了 19 世纪和 20 世纪卫生运动的主要前提。它必须克服很多障碍，尤其是一些人的抵制，这些人声称，频繁使用肥皂对皮肤有害。更严重的是宗教禁忌。基督教因为把穿衣服的习俗跟原罪联系在一起，所以过度发展了羞耻的观念。基督教坚持认为，人应该尽可能多地遮住自己的身体，因此使得裸体有一种病态的魅力。赤身裸体似乎是有罪的，即使是在浴室的私密空间里，而且，今天依然有些天主教学校，女孩子都穿着衬衣洗澡。最可悲的一幕，莫过于某些传教活动对非洲土著人的影响。在非洲，裤子成了基督教的一个象征符号，跟十字架不相上下。通过把北极地区的衣服强加给热带地区的土著人，把羞耻的观念强加给他们，从而制造了一场冲突，它并没有改善人们的道德，而且肯定不是真正基督教的精神。

应该承认，衣服的主要目的是装饰，它首先起到隐藏或纠正身体缺陷的作用，好提高个人的性吸引力；然而不可否认的是，在我们的气候条件下，衣服还有一个重要的卫生功能要实现。它保护身体免受一些大气因素——比如寒冷、雨雪或暴晒——的侵害。为了充分地服务于它的目的，衣服应该这样构成：它不能妨碍身体的任何生理机能，它必须由冬天可保暖、夏天能散热的材料构成。在这方面，材料的孔隙率——纺织品的空气含量——非常重要。20世纪有了巨大的进步。时尚一直是——今后多半还会是——专横的暴君，但体育运动，人们日益增长的健康意识，以及在健康事务上的开明，都给这位暴君的权力设置了明确的界限。我们穿着衣服行动自如，远比我们的祖先要舒适得多。

衣服在数量和质量上的不足，使得生物体容易受大气环境的损害，容易着凉，这会带来各种并发症。正如营养一样，贫穷也是衣服缺乏的主要原因。

就此而言，最后有一点必须提及。文明发展出了用衣服遮盖身体的习俗。衣服服务于健康——正如我们已经看到的那样——但它也带来疾病。另一方面，疾病现象也创造了服饰。例如，在中世纪，麻风病患者被强迫佩戴区别的标志，好让健康人不接触他们。

在1348～1349年间爆发黑死病的时候，一些医生设计出了一种面罩和罩衣，以保护自己不被传染。这套服装使他们成为讽刺作品和讽刺漫画嘲弄的靶子。然而，在1910～1911年间肆虐满洲的

瘟疫大流行中，以及在1918～1919年间的流感大爆发中，面罩都被证明是一种行之有效的防护手段。

　　无菌处理法的兴起，发展出了给外科医生穿的特殊服装。如今，他们做手术的时候，穿着无菌罩衣，戴着无菌便帽、橡皮手套和口罩，把嘴巴和鼻子遮得严严实实，不让患者接触到细菌。医院里的医生成了"白衣人"。在中世纪为看护病人和伤者而组织起来的神职人员都佩戴特殊的标志，以示区别。因此，耶路撒冷圣约翰的"救护骑士团"都佩戴八角十字架。在现代，红十字成了亨利·杜南在1863年创立的国际组织的标志。各个护理协会（既有教会的，也有世俗的）都为自己的成员设计了专门的服装。

4. 寻求庇护的房子

　　旧石器时代的人在山洞中寻求庇护。山洞就是他的家，在那里他感到很安全，可以保护他抵御恶劣的天气和敌人。火为他提供了光亮和温暖，烟通过洞口排出去。有时候还用绘画来装饰洞壁。

　　随着文明的进步，人不再需要依赖所有的自然庇护；他建造了自己的家。在岩石松软的地方，他能够挖出人工的洞穴和险峻的住处。可以通过

◆ 琼·亨利·杜南（1828-1910），红十字会创始人

把石头堆在洞前、建造墙壁、覆盖上原木或兽皮，从而扩大山洞。
这些给了他额外的房间，可以用作谷仓、储藏室，或者用于其他的
目的。

生活在森林里的部落，通过在地面栽上柱子，把它们绑在一
起，顶部盖上灌木、茅草或兽皮，从而建造了圆形的棚屋。一个棚
屋就是一间房。如果需要更多的房间，他们就会修建更多的棚屋，
正像非洲的土著人至今依然在建造的畜栏一样。

在石器时代晚期和铜器时代，中欧地区在湖中的土丘上建起了
长方形棚屋。他们可以从阳台上捕鱼，垃圾可以倒入水中，居住其
中的人觉得自己受到了很好的保护。在暹罗和美拉尼西亚的部分地
区，人们依然在修建这种类型的居所。

一千几百年来，原始的棚屋一直是穷人的庇护所。在非洲和亚

◆ 墨西哥土著人的棚屋

洲，数以亿计的人依然住在这种棚屋里，它们跟石器时代的棚屋几乎没什么不同。在意大利南部的某些地区，前罗马时期的圆形棚屋依然可以看到，在阿尔拜辛（塞维亚市的一个郊区），吉普赛人像山洞里的穴居人一样挖山打洞。

当文明导致有产阶级崛起的时候，一种新类型的房子在古代东方发展起来了。同一片屋顶下有很多房子彼此相连，这让人联想到街区房的构造：很多房间被围在同一个街区内，联想到庭院式房屋——房间都通向内院，即罗马人的 atrium（中庭），西班牙人的 patio（天井）。这些都成了东方和西方的典型房屋。

石块，烧制砖瓦的粘土，以及切割了的或未切割的木材，成了最主要的建筑材料。石工和木工都具有建造房子的手艺。

房子是抵御恶劣气候的一种保护，并因此对健康有益，但如果不能满足某些条件的话，它也可能对健康有害。一幢房子必须足够宽敞，好让居住其中的人有足够的空气和私密空间。这意味着房子的面积至少应在 120～150 平方英尺之间，包括起居室和每个人的卧室，这还不包括厨房、厕所、楼梯及其他类似的附属设施。

住房问题需要解决的基本矛盾就是既能抵御恶劣的气候，又能保证空气不断得到更新，比如吸烟就会对家里的空气造成污染，所以房屋必须能够通风。在温暖的气候里，通风不是个问题，因为窗户可以全年洞开，人可以到户外工作，但在寒冷的北方地区，通风却是个大问题。

屋内的温度应该调整到跟体表温度相适应，这样，人在屋内生活和工作的时候才不会感到不适。最简单的办法，就是在房间里生火，给房间加热。在冬天，罗马的农民在他居住的简陋小屋中央生火，火星和烟通过屋顶的通风口逸出。烟囱的引入是一次改进，因为它是为了更良好地通风而建造的。在中世纪的贵族庄园里，壁炉是主要的加热装置，至今在英国依然深受欢迎。作为加热系统，它的效率很低，但要给房间通风，却是个不错的办法。

罗马城市家庭的房间，主要通过火盆来加热。在南欧和东方，人们依然使用火盆，它代表了一种最原始、最不充分的加热系统。2 月份的时候，我在卡西诺山阿比家的藏书室里工作了一个星期，这段经历让我终生难忘。当我的手指被冻僵的时候，我就在火盆上烤一会儿，但效果持续不了多长的时间，便会浑身冰凉地离开那个地方。

火炉起源于古罗马，当时，炉膛不能敞开，

◆ 壁炉（法国，19 世纪）

而是包含在石块或砖块砌成的装置里。在古代，火炉只被用来烧茶做饭、烘烤食物。从中世纪早期开始，它们就被用来取暖，效果比敞开的壁炉更好，因为散热作用更缓慢、更持久。早在 9 世纪初期，用所谓的"荷兰釉砖"建造的火炉就出现在瑞士。铸铁火炉在14世纪最早得以使用，圆形铁炉成了最便宜的、因此也是最受欢迎的加热装置。本杰明·富兰克林修造了一个非常灵巧的火炉，它利用炉膛来通风。铁质火炉有一个好处：加热非常迅速，不过，冷却下来同样也很快。如果通风不足的话，就会产生有毒的一氧化碳。火炉因此对很多人员伤亡负有责任。埃米尔·左拉就是悲惨地死于一氧化碳中毒。

用壁炉和火炉加热房子有一个很大的缺点：一个房间除非有自己的加热装置，否则就不会暖和。由于在每间房里安装一个火炉实在是太费钱、太笨重，因此通常只加热客厅。结果是，一幢房子或一套公寓加热得很不均衡，这样一来，当你从一个房间走入另一个房间的时候，很容易受到温度突然变化的伤害。早晨从热乎乎的被窝里爬出来，有时候必须先破冰，然后才能洗漱。这样的环境肯定不利于健康，有时会导致呼吸道疾病、感冒和咳嗽，降低一般抵抗力，在某种程度上更容易感染肺结核。原始的壁炉和火炉还从另一个角度解释了在从前的时代，为什么人们对春天的到来那么欣喜，并热烈地庆祝，这是因为人们不仅把它看作是令人兴奋不已的万象更新的秘密，而且也因为春天把人们从冬天的寒冷和不适中解放了出来。

中央供热系统的引入是人类文明向前迈出的一大步，因为它使得热能更均匀地扩散成为可能。人们通常把发明中央供热系统的功劳记在罗马人的头上。考古发现证实了维特鲁威对一种设计精巧的加热系统的描述，然而，这一系统完全不同于我们现代的中央供热系统。空气在火炉中被加热，然后被导入位于房间地板下的一个热炕里。很有可能，热空气还通过墙壁上的空心砖而直接进入房间。尽管它接近于中央供热的原理，然而，热炕系统从未被用于给整幢房子加热，而只是给单个的房间——特别是浴室——加热。这一系统在中世纪依然被偶尔使用。

通过一个中央火炉加热整幢房子的想法，构思于 18 世纪。在英国，从 1716 年

◆ 詹姆斯·瓦特（1736–1819）

起，热水被用于这一目的。在 18 世纪中叶，热空气被用于俄国和德国各个皇宫的中央供热设施。1784 年，詹姆斯·瓦特建造了最早的蒸汽供热设施。这一系统在 19 世纪的英国得以改进，主要是詹姆斯·帕金斯的功劳。这套装置非常昂贵，而且长期以来，中央供热系统一直被认为是一宗大件奢侈品。接下来的一次进步，是中央供热系统被用来给一幢以上的建筑物供热。此事发生在 1877 年初纽约州的洛克波特市。

我们大家全都从经验中得知，蒸汽供热系统也有其不足之处。由于它很难调节，所以一直有一种使建筑物过热的倾向——特别是在美国的城市里，我们的很多公寓房和办公室里那热乎乎的干燥空气对呼吸器官产生了不利的影响。在我们的全国性疾病"鼻窦炎"的发展过程中，它可能是一个重要因素。尽管如此，在冬天，过热

总比挨冻要好。由于燃料很贵，至今依然有很多人出不起钱给他们的住处充分供热，因此容易受到寒冷的有害影响。

建筑物的人工降温，尽管也非常可取，但不如供热那么重要。在大热天里，人们可以在闷热的正午时分睡觉，在清早和傍晚活动。在温带，寒冷的季节很长，而闷热的季节很短。然而，毋庸置疑，现代化的空调装置通过给我们的住处降温和调节湿度，极大地增加了我们的舒适感和工作效率。但当时空调尚处于幼年期，尽管技术上的问题可以得到解决，但在经济上却很不划算。一幢安装了空调的房子依然是奢侈品，只有少数人能消受得起。

室内照明的改善非常深刻地影响了人们的生活方式。老普林尼曾说：只要我们醒着，我们就活着。因此，电灯泡延长了我们的有意识生命的长度。在过去，正如我们已经看到的那样，人的生活节奏紧密地跟随着大自然的节奏：日出而作，日入而息。事实上，大多数国家的农民今天依然如此。就整体而言，在古代、中世纪以及那之后的很长一段时间里，城里人的生活跟农民的生活非常相像。希腊和罗马的照明非常原始。长夜漫漫，油灯如豆，几乎一直没什么长进，直到18世纪末，日内瓦的阿甘德发明了管状灯芯。数百年来，蜡烛依然是奢侈品，主要被用于教堂和富裕之家。

即使在白天，照明也是个问题。玻璃早在公元前第三个千年的中期就制造出来了，但它主要是不透明的或有色的玻璃，用以充作花瓶及其他器皿。窗户，无论是玻璃的还是云母的，都在古罗马的房子上找到过，但它们的使用绝对不会普遍。只有富裕人家的少数必须保持紧闭的特殊房间——比如浴室——安装玻璃窗户。当户外很冷或很热的时候，窗户就用木板或毯子封上，房间里一片漆黑。

◆ 街灯随处可见（伦敦，19 世纪）

中世纪生产出了非常漂亮的彩色玻璃窗户，之后过了漫长的时间，才制造出了优质的透明玻璃。即使在这个时候，也只有少数富人才出得起这个钱，拥有很多安装玻璃的大窗户。因此，有几个国家对门和窗户征税。其结果是，即使在廉价玻璃容易得到的时候，穷人的家里依然漆黑一团，通风糟糕。

糟糕的照明，使得冬天的漫漫长夜带给人们的很多困难变本加厉。在过去，他们的睡眠时间大概比今天更长。没有所谓的"夜生活"，除非有必要，或者除非有足够的护卫，谁也不会在夜里离家出门。这种更安静的生活倒是有益于健康，但对那些试图在幽暗的灯光下读书和工作的人来说，眼睛疲劳的代价恐怕就很高了。

在 19 世纪，当照明汽灯被引入的时候，情况有了根本性的改

观。它首先被应用于街道的照明。1808 年，伦敦有一条街道安装了煤气灯，1814 年，整个圣玛格丽特街区都装上了煤气灯。在美国，费城 1817 年有了新的照明系统。照明汽灯逐渐被引入家庭。它给人带来了明亮的光，而且非常方便，但是，正如我们大家所知道的那样，它并非没有危险。煤气不仅制造了新的火灾，而且，由于它含有一氧化碳，因此也是高毒性的，很多人员的伤亡就源于煤气中毒。在家庭里，它不得不跟油灯竞争，这种油灯因为矿物油的使用而得到了极大的改进。油灯自有它的优势：便于携带，可以从一个房间提到另一个房间，但它也是一个火灾隐患。接下来，在 1879 年，托马斯·阿尔瓦·爱迪生演示他的电灯泡，这预示着一个照明的新时代。

今天，人类已经征服了黑暗，能够把他们的活动延续到深夜，调整照明度以适应自己的需要，适应各类职业的需要。天黑之后，城市不再是黑暗阴森的地方。街道照同白昼，霓虹灯使它们生气蓬勃。夜里，人们在社交活动中相遇，看演出，工作或游戏，而不会毁坏视力。人工照明对我们城市的安全、对人类活动的加速都大有贡献。城市人睡得比过去更少，常常睡眠不足，因此再一次对他们的健康造成损害。

人不断制造着污秽，这是他的生理机能和他的职业的结果。很多人群密集生活的地方，污秽的积聚更加迅速。污秽本身未必有害，但由于有机物在不断腐烂，因此为寄生物提供了滋生的温床，这些寄生物对人是一种威胁。巴斯德证明了大量的细菌就出现在人的身边。肠道疾病的细菌被喷射到患者的凳子上，因此成了一个传染源。污秽和垃圾必须从人的住处清理出去，房子必须保持清洁，这需要大量的水，也是一项艰巨的任务。

　　罗马人充分认识到了大量可用清水所具有的卫生意义。只要是罗马人踏足的地方，我们今天依然能找到大型渡槽的遗迹。事实上，其中很多渡槽依然在发挥着它们最初的作用。据弗朗提努说，在公元 2 世纪，每天有超过 2.22 亿加仑的清水被 8 个渡槽引入罗马城。卡科皮诺和洛威尔曾指出，这些水很少直接进入私人家庭，而必须到公共喷泉那里去装运，或者从运水人那里获得。尽管如此，水还是可以得到的，而且是高质量的。

　　罗马人还建造了一套精密复杂的排污系统，可以把污秽排入台伯河。最主要、最古老的下水道"马克西姆下水道"的大拱门至今依然可以看到。但是，如果你想当然地认为每幢房子都跟公共下水

◆ 伦敦的排污系统（1844 年）

道相连的话，那将是错误的。

在中世纪，城市的发展对健康有很不好的影响。公共卫生系统非常原始，水主要来自水井，常常要走很远的路去运。厕所常常跟满溢而出的化粪池相连，必须由清扫工来清空。垃圾被胡乱扔在街道上。结果，城市里滋生了大量的老鼠。从 14 世纪至 17 世纪，瘟疫的流行时常发生，造成了重大的人员伤亡。肠道疾病、伤寒和痢疾是地方性的。市政当局清楚地知道危险，从中世纪以后采取了一些措施以改善环境。尽管城市稳步发展，但居民的死亡率却在不断下降，这多半是生活水平提高的结果。在 1681～1690 年这段时期里，伦敦的年度一般死亡率是 42‰。在 18 世纪，这个数字下降到了 35‰，在 1846～1855 年这段时期是 25‰，今天是 12‰。在这个城市居民死亡率下降的过程中，公共卫生系统（由新的供水系统和排污系统构成）扮演了一个重要角色。英国开始了一场新的公共卫生运动，从 19 世纪中叶起，英国人就做出了很大的努力，以改善公共卫生条件。英国树立了榜样，各国竞相仿效。

我很乐意在这里顺便提一下，抽水马桶是一个诗人发明的，他就是伊丽莎白女王的朝臣约翰·哈林顿爵士。哈林顿在他的《埃阿斯变形记》（*The Metamorphosis of Ajax*，此书是以他的男管家的名字出版的）的附录中详细勾画了抽水马桶。据说，伊丽莎白女王对这个新发明产生了很深的印象，让人在里士满宫里安装了一个，"墙上挂着一本《埃阿斯变形记》"。抽水马桶是一项伟大的卫生贡献，但一直无法大规模应用，直到 19 世纪，城市建起了新的供水系统和排污系统，情况才有所改观。到那时，抽水马桶几乎成了新的公共卫生运动的象征，但即使在今天，它也没有得到普遍的应用。

住房是一个难题，特别是在城里。在乡下，农民可以自己动手建一个栖身之地，而无需专家的帮助。美国的拓荒者们在森林里建造小木屋，在大草原上建造草皮棚屋，这些后来被更坚固的建筑所取代。当农庄发展的时候，农民就给自己的房子增加耳房，修建新的谷仓和牲口棚。一口水井，如果使用的人不多，可以保持相对干净。粪便可以掩埋，无需大费周章。垃圾倾倒在肥堆上随动物粪便一起腐烂，然后被用作肥料。

当人们纷纷涌进城市的时候，困难便开始了。希腊和罗马的城镇常常是依据规划、在位置精心选定之后再建造起来的。中世纪的城镇胡乱在庄园或修道院的附近发展起来。它一旦被城墙所环绕，就会为它的扩展和房屋的高度设定所限制。美国的很多城镇也是按照规划修建的，威廉·佩恩为费城设计的规划众所周知。

只要城市发展缓慢，规划就能够得到尊重。19 世纪，随着工业的迅速发展——在美国还要加上移民潮——情况发生了改变。西方世界各地的人口都迅速增长，无产的劳工大众纷纷在位于城市郊区的工厂附近定居下来。在乡下，农民照例有自己的房子，但在城里，房地产成了一种商品，一种交易和投机的对象。一幢房子就是一笔投资，能够产生高额回报。当一个产业发展起来，并且对住处有很大需求的时候，最简陋的窝棚都能租出高价。贫民窟迅速发展，人们在骇人听闻的卫生条件下拥挤在一起。埃德温·查德维克在 1842 年出版的那部经典著作《关于英国劳动人口卫生状况的报告》(*Report on the Sanitary Condition of the Labouring Population of Great Britain*) 中，弗雷德里希·恩格斯在《1844 年英国工人阶级状况》(*The Condition of the Working Class in England in 1844*)中，路易-勒内·维勒梅在 1840 年出版的《从事棉花、羊毛和丝绸制造的工人之身体和道德状况综述》(*Tableau de l'état physique et moral des ouvriers employés dans les manufactures de coton, de laine et de soie*)中，都描绘了西欧在 19 世纪中叶的生活状况的可怕图景。

◆ 贫民窟发展迅速

在美国城市，情况甚至早在工业大发展之前就已经很糟了。谈到纽约，本杰明·麦克里迪医生写道：

在劳工和他们的家人当中，身体不健康的一个很大的根源是他们所寄宿的那些狭窄而恶劣的公寓房。在我们的城市迅速发展的同时，建筑物数量的增长在一定程度上无论如何也跟不上外地人的大量涌入。住处严重不足，结果是房租奇高。对这一不幸的负担，感觉最沉重的莫过于劳动人口。就拿一个例子来说吧，卡萨林大街上有一幢两层小楼，它的阁楼被木板隔断，分成三个房间。通往阁楼的楼梯破烂不堪，栏杆不见了踪影，房间的地板有几处已经破穿。阁楼中心的顶棚不超过12或14英尺，从这里倾斜地伸向房子的屋檐。其中最大的房间，大约是12×14英尺，是唯一一间有火炉的房子，一个礼拜的租金要1.50美元，其他两间房分别为一周1美元和1.25

◆ 贫民窟里的孩子们（纽约，19 世纪）

美元；这样一来，仅这间阁楼的租金就高达每年195美元。一间地下室，狭小，潮湿，只有一扇破烂不堪的窗户采光。墙壁由底座上的光秃秃的石头组成，水气不断从墙上渗出，租金要65 美元，按季度预付。这些并非孤例；在我所调查的每一个实例中，都发现了穷苦劳工要承担类似比例的房租。

还有一个丑恶现象，也源自人口的拥挤，导致过高的房租，这就是：那些专为我们社会中贫穷阶层修建的房子的建筑方式。在某些实例中，大型建筑（为酿酒厂或炼糖厂修建的）被分隔成了狭小而黑暗的房间，每个房间租住一个家庭。在另外一些实例中，房东的贪婪诱使他们建造狭窄小巷，挤满了成

◆ 底层劳工恶劣的居住环境

本低廉的小木屋，出租给很多家庭，利润颇丰。这种小巷常常不超过6英尺宽，铺着圆石，排水的手段非常不足。在这样的环境下，发现一两栋房子完全在地面之下的公寓楼也并非什么稀罕事。在这样的情形下，如果我们发现道德上的和身体上的疾病、恶行和病态的话，又有什么可大惊小怪的呢？我们怎能指望过着这种生活的男人头脑清新而遵纪守法、女人干净整洁而热爱家庭呢？在这种环境下，夏天里腹泻和痢疾盛行，这些疾病在孩子当中是致命的。淋巴结核——更是以它的某些变化多端的形式——经常遇到，以及由此而构成的天花、麻疹和猩红热的滋生地，一旦环境适宜的时候，便大规模爆发。

贫民窟至今依然是我们城市的毒瘤。住房原本意味着保护人民的健康，在很多情况下却成了疾病产生的一个主要原因。我们所有的城市，都很不适应如今的交通设施和现代的卫生要求，需要大刀阔斧地进行重建。有些设想已经实现，少数最糟糕的贫民窟已被清除，即将被干净卫生、令人愉快的住宅建筑所取代。然而，问题远远没有得到解决，即使是出得起高房租的有钱人，也常常拥挤不堪地生活在他们的城市公寓房里，只有很少的私密空间，经常被邻居家的收音机和其他野蛮的噪音所侵扰。我敢肯定，中产阶级当中的很多离婚，要归因于局促的住房空间从未真正允许人们实现最简单的奢望："一间自己的房间。"

如果说健康对人类的福祉至关重要，那么，住房无疑是一个头等重要的问题。如果这是事实的话，那么住房就不应该成为投机的对象和利润的来源，而这正是今天的现状。竞争性的商业既不可能诚实地面对，也不可能恰当地解决当代社会的住房问题。

正如疾病的现象发展出了某些习俗一样，它也导致了一些特殊建筑类型的发展。其中最主要的是医院。在公元纪年最初的几个世纪里，这个地方一直是救济院，是为穷人和外地人提供庇护的旅馆，后来成了穷困潦倒的病人获得护理、接受免费治疗的地方。随着医学科学的进步，催生了无菌外科手术和更好的诊断方法，医院也就不再是一个令人恐惧的死亡之地，而是所有医学活动的中心，富人和穷人都要去。

医院从中世纪初期修道院里保留给病人的几个房间开始，逐步发展成了中世纪晚期和文艺复兴时期那种庄严雄伟的建筑。它是一座城市的骄傲，正如我们今天依然能在米兰市的马乔雷医院看到的那样。最后，它成了我们时代的那种高度复杂的机构，有大小病房、日光浴室、检查室和手术室，以及装备齐全的实验室和各种设备，用于医学研究。现代医院已经没有了其前身的那种阴沉昏暗，每个特征都让人联想到死神的临近。今天的医院依然是个痛苦和疾病之地，但重点是生命。

第 2 章

疾病的经济账

1. 成就背后的痛苦

为了满足自己的需求，任何时代的人都必须工作。即便是在热带地区，他也不得不去采集水果、捕鱼狩猎。随着文明的每一次进步，需求就会增长。能够栽种植物、饲养已经驯化的动物，是一个有利的条件，因为这些东西给人带来了更大的保障；但耕耘和灌溉土地，收割庄稼，照料牲畜，都需要付出艰苦的劳动。装饰和保护身体的衣服，必须通过动物的皮毛或辛勤纺织的布匹来提供。通过劳动修筑了棚屋，制造了小船，打磨石器，烧火做饭。逐渐地，原始的劳动分工出现了：男人是猎手、牲畜饲养者和作战的勇士；女人料理田地，操持家务。

文明的日益复杂，与需求的增长和劳动的强化相平行。我们有时候听人说，今天的人们把大多数时间花在了工作上，为的是获得能够满足自己需求的财富，却几乎没有留下什么时间来实现自己的满足。这一说法是错误的，因为它忽视了下面这个事实：你承认也好，不承认也罢，文明人的最大需要，就是完成创造性的、对社会有益的工作。事实上，这是文明的真正准则之一：此时，人已经不再是孤立的、以自我为中心的个体，而是成了一个互相合作的社会的有益成员。

农民的满足，不仅仅是他的劳动养活了他和他的家人，并产生了少量的剩余，让他可以购买少许他所需要的商品。这种满足还包括：他能掌控大自然，能够增加土壤的生产力，并管理它。当春天里田野绿意盎然、夏天里沉甸甸的谷穗丰收在望的时候，农民骄傲地认识到，这不仅仅是大自然的恩赐，而且也是自己的功劳成果。他热爱大地，如果他的社会意识已经觉醒的话，还会知道，他在大地上的劳作服务于最基本的社会需求之一。一个技工，如果成功地修好了一辆坏车，当他听到发动机的第一声轰鸣时，就会感到满足，不仅因为这意味着他可以挣到钱，而且还因为他检验了自己的手艺，并发现自己手艺不错。

事实上，工作并非人类之祸，而是他们最大的幸福。工作赋予

◆ 劳动创造了文明

我们的生活以意义，并使之高贵。它使我们能够创造出物质和文化的价值，如果没有这些价值，人这一辈子就不值得活。如果说社会进步了，那也是所有社会成员合作努力的结果。

工作是健康中的一个强有力的因素，它平衡着我们的日常生活，决定着它的节奏。肌肉不使用就会萎缩，大脑不活动就会退化。失业者更容易生病，不仅因为失业降低了生活水平，而且还因为它使人懒惰，生活节奏被打乱，身体和精神的平衡被破坏。

人类历史的发展轨迹充分证明，人类的贪婪和愚蠢是如何使劳动变得残忍，以至于它非但没有用健康来回报我们，反倒经常用疾病来惩罚我们。有害健康的工作方式有两种：一种是数量上的；一种是质量上的。过度的劳作，没有得到休息和娱乐的恰当补偿，疲劳的身体和精神会因此削弱人的自然抵抗力。再就是，很多有害的职业，是在不利于健康的环境和条件下完成的。

在所有古代文明中，都出现过这样的情况：只有少数人占有土地及其他生产资料。战俘被充作奴隶，古代的经济大多是奴隶经济。在兵荒马乱的年代，劳动力很容易得到，个体奴隶的生命很少得到重视，因为他很容易被取代。

我们总是倾向于按照其成就来评估一种文明的价值，很多这样的成就历经千百年犹存于世，即使在今天也依然像当年一样令人印象深刻。埃及的金字塔显示出了一种强有力的创造精神和高度发展的技术，但我们可能太容易忽视这样一个事实：它们是在成千上万奴隶的鲜血和痛苦中建造起来的。我们至今依然能看到他们在皮鞭之下艰苦劳作的身影，正如埃及的壁画和浮雕中所表现的那样。城市工人的生活也并不轻松，一份罕见的埃及文献向我们传达了反抗的声音：

　　我从未见过一个铁匠充当公使，也从未见过一位铸造工衔命出使，我所见过的是：金属制造工正在挥汗如雨地工作，在炉口前被炙烤。泥瓦匠暴露在风吹日晒、霜催雪打之下，一丝不挂地在建造房屋，他的手臂因为干活而被磨破。他啃咬着自己的指甲，食物中混合着尘土和垃圾。因为没有其他食物，理发师折臂果腹。在家里干活的纺织工蜷曲着膝盖抵住自己的胃，处境比女人还要糟糕。码头上的洗衣工与鳄鱼为邻，身上发出鱼卵的臭味，令人不能呼吸。他的双眼疲累不堪，他的双手布满岁月的厚茧，当他花时间来裁剪碎布的时候，对衣服都有一种恐怖。

◆ 希波克拉底（Hippocrates，约前460– 约前 377），古希腊医生。西方人称之为"医学之父"

2. 生病的工人阶级

　　希腊人的那些优美的青铜雕像至今依然令我们赏心悦目，但我们几乎忘了，生产青铜的铜、锡和煤都是由奴隶和囚犯们开采的，他们在狭小的坑道里一天工作 10 个小时，被高温和烟尘所窒息。

　　古代的工业大多规模很小，工匠经常在户外干活——东方的工匠今天然如此。因此，工业危害远没有后来那么严重。然而，职业病却时有发生。希波克拉底的著作中描写过一个铅中毒的病例；普林尼说到过铅的有害影响。诗人马提雅尔、尤维纳利斯和卢克莱修都在不经意间提到过某些职业的危险，说到硫磺工和铁匠所特有的疾病，说到卜占师的静脉曲张和金矿工的厄运。他们没有任何保护措施，除非是自我保护。据普林尼说，羊皮纸和膀胱囊蒙在脸上，像面具一样。医学服务只提供给那些娱乐别人的人——角斗士。

到中世纪末和文艺复兴时期，对金属的需求有了相当大的增长。贸易的发展要求更多的黄金，作为交换的媒介。火器在 14 世纪之后得到越来越广泛的使用，它需要大量的铅、铜和铁，发展这些产业因此需要更大的原材料供应。很多浅层的矿藏都被消耗殆尽，人们不得不挖得更深。矿藏越深，采矿就变得越加危险。危险来自地下水、毒气和机械的伤害。有一点绝非偶然，最早论述矿工职业病的专著写于 16 世纪。在矿区有过大量经历的帕拉塞尔苏斯是文艺复兴时期医学化学运动的始祖，他的《毒瘾及其他山区疾病》（*Von der Bergsucht und andern Bergkrankheiten*）大约写于 1533～1534 年间，出版于 1567 年，是论述这一课题的一系列著作中的第一部。从 1556 年出版的阿格里科拉的《论冶金》（*De re metallica*）开始，每一本论述采矿业的书都有一章讨论矿工的疾病。

采矿是这一时期的基础产业，也是最危险的行业。其他产业不那么有害，但各有其特殊的危险。比如金匠最容易受有毒气味和烟熏火燎之害。早在 1473 年，德国奥格斯堡市的一位医生乌尔里希·埃伦伯格就撰写了一本小册子《论毒气、有害水汽和有害烟雾》（*Von den giftigen besen Tempffen und Reuchen*），以手稿的形式广为

◆ 采矿是个高危行业

流传，最后在 1524 年前后出版。

关于工业革命之前的各行各业的卫生条件和健康危害，在伯纳迪诺·拉马齐尼论述职业病的伟大经典《论工人的疾病》（*De morbis artificum diatribe*，初版于 1700 年）中有过非常精彩的阐述。这本书写于那个时期也绝非偶然。17 世纪是一个机械时代，那个时代很多鼎鼎大名的医生都是"医学机械专家"。拉马齐尼曾说："如今，医学几乎完全被转变成一门机械的艺术，在学校里，他们总是喋喋不休地谈论自动性。"那些经常把器官比作工具的医生，对工人的工具和机器不可能不发生兴趣。

一次偶然的观察，把拉马齐尼的注意力吸引到这个课题上：

我将讲讲那次意外，因为正是这次意外，最早让我有了这个想法：要写一本论述工人疾病的专著。在这座人口稠密的城市里，房子自然是紧挨着挤在一起，而且都很高。这里的习惯做法是，每隔三年就挨家挨户地检查每一幢房子，并清扫从四面八方穿街而过的下水道。当这项工作操作到我的房子时，我注视着一个工人在那个阴森森的洞穴里从事他的工作，看到他神色非常不安，拼命地干着活。我对他从事这样肮脏的工作颇感同情，便问他为什么如此卖力地干活，为什么不更从容不迫一些，这样可以避免用力过度而带来的疲劳。这个可怜的家伙从洞穴里抬起眼睛，盯着我说："每个人都曾试着这么干过，你能想象在这种鬼地方呆上 4 个钟头要付出怎样的代价；那跟被人揍得两眼发黑是一回事。"稍后，当他从污水坑爬出来的时候，我注意到他的眼睛布满血丝、暗淡无光。我问他，厕所清洁工能否定期用什么特殊的办法，来治疗这个毛病？他答道："唯一的措施就是马上回家——就像我待会儿要做的一样——在一间黑暗的屋子里闭上双眼，在那里待上一天，时不时地用温水清洗一下眼睛，多少能缓解一点眼睛的疼痛。"接下来我问他：他们的喉咙是否有火辣辣的感觉或呼吸困难？是否会患上头痛？恶臭是否刺痛他们的鼻子或导致恶心？他回答说："没有那种事情，在这项工作中，只有我们的眼睛会受到伤害，其他部位不会。如果我同意再继续干下去的话，我的眼睛很快就会瞎掉，其他人身上就发生过这样的事情。"于是，他跟我道别，然后就回家了，我注意到他一直用手遮着自己的眼睛。那之后，我见到过几个曾干过这个行当的工人在镇上乞求施舍，他们的眼睛大都半瞎或全瞎了。

◆ **职业病研究的先驱拉马齐尼**

拉马齐尼详细考察了41种职业的工作条件和健康危害，讨论了这些职业所特有的疾病，以及它们的治疗和预防。他增加了一篇专题论文《学者的疾病》（*Diseases of Learned Men*），并为第二版撰写了12章增补，描述了另外12种行当中普遍盛行的状况。他在两大职业病群体———一类基于所使用的材料，另一类基于所涉及的劳动———之间所做的区分完全准确，并且被此后大多数写到这一课题的医生所采纳。拉马齐尼非常谦虚地认为他的这本书是一项"并不完美的成绩"，但它很快就成为一部权威著作，多次再版，被翻译成各种不同的语言。此后这一课题的内容增加甚少，直到工业革命创造出了新的情况。

在美国，论述职业病的著作始于1837年的一篇获奖论文，这篇论文是本杰明·麦克里迪为纽约州医学协会撰写的。当时的美国经济依然主要是农业经济，麦克里迪十分严肃地提出了这样一个问题：坚持农业而不是发展工业对美国来说是不是更好。当时，一些大运河和最早的铁路正在修建。新英格兰的纺织厂主要是由水力驱动，但其他行业都还处在手工业阶段。因此，麦克里迪所描绘的情况，跟拉马齐尼所叙述的并没有太大的不同。麦克里迪把很多工人的不健康更少地归因于职业本身，而是更多地归因于一般的工作环境和生活条件，工厂的通风不良，糟糕的住房，污秽，很多职业中的缺乏锻炼，以及酗酒。在某些公共建设工程中，劳动者每天得到5杯威士忌的津贴，作为工资的一部分。

在一个值得全文引用的有趣段落中，麦克里迪认为，美国人的不健康，很多是由于他们一直在为财富而奋斗：

美国人是一个焦虑的民族，在这一点上远甚于其他国家。所有的阶层，要么在为财富而奋斗，要么在竭尽全力撑门面。出于仿效的准则（这一准则已经灌输到我们所有人当中，多半由于现有的身份平等而有所增强），穷人尽可能遵循富人的生活习惯和生活方式。由于供应品价格更低，房租更便宜，在同样的收入条件下，从前的家庭能够比现在过得更舒适、更富足。手艺人总是把他们从前所享受到的舒适跟现在的境况相比较。每个人都看到了通过成功的投机在很短时间内所挣到的巨额财富，对这样一种投机的狂热感染了所有的社会阶层。由于这些原因，多半还由于美国政治制度的特性，以及它们所产生的影响，我们是一个焦虑的、忧患的民族。如今，不管这种情况对我们的工业和企业多么有利，但它对我们的健康却不能不是有害的。这些有害的影响能够达到什么样的程度，恐怕没办法确定，但我们可以注意到，当这些原因普遍发挥作用的时候，无论它们的后果对个人而言多么微不足道，它们对整体的影响却一定相当可观。如果我们想到，父母健康状况的每一次退化都很有可能传递给他们的子女，那么问题就变得非常严重了。就我自己而言，我毫不怀疑，美国人民苍白憔悴的、不健康的外貌，在某种程度上，就要归因于那些对我国的快速增长和空前繁荣做出的贡献。

工业革命初期，涌现出许多影响了人民健康的新兴产业，为大量非技术工人（包括妇女和儿童）创造了就业机会，但同时也因生产落后，欧洲的人口剧增，大量移民开始涌入美国城市的郊区。他们长期在恶劣的卫生条件下工作，并居住在贫民窟里，没有卫生设施，生活水平极低，每一次经济危机都让这些对社会有用的群体陷入更为严重的贫困，导致更多人依靠救济生存。

情况变得如此糟糕，以至于整个社会都被搅动了。人们觉得：

◆ 英国工业城市利兹

一个生病的工人阶级，对所有人的健康都是一种威胁。利兹市一位名叫 C. 特纳·萨克拉的医生在 1831 年出版了一本非常精彩的小书，题为《主要的手艺、生意和职业以及城市状况和生活习惯对健康和寿命的影响》（*The Effects of the Principal Arts, Trades, and Professions, and of Civic States and Habits of Living, on Health and Longevity*）。1821 年，在利兹这座工业城市，每 55 个居民中就有 1 个人死亡；而在邻近的乡村，每 74 个居民有 1 个人死亡。"在利兹市的市区，每年至少有 450 人死于工厂、密集的人口状况以及由此带来的不良生活习惯造成的环境污染。"接下来，萨克拉得出了这样一个结论：

> 命运之神原本会放他们一马，但每一天，我们都能看到一个（有时是两个）受害者，成为人为社会状况的牺牲品。年复一年，利兹市区 450 人的毁灭，在任何仁慈心肠的人看来，都不可能是一件无足轻重的小事。而几乎所有幸存者的健康损害、慢性病和早衰（精神的和肉体的），更不能被轻视。调查研究得出的这样一个令人不快的结果，并不仅仅限于利兹。且不说伦敦及其他港口城市，我们可以证明，谢菲尔德、曼彻斯特、伯明翰，事实上我们所有的制造业城镇，都显示出了同样的甚或是更严重的死亡率，而且，过高的死亡率还随着人口规模的增长而不断增长。如果我们假设英国每年有 5 万人死于工业制造、城市状况以及与之有关的不加节制的有害影响，那么，我确信这个估算远远低于实际数字。面对这样一种过高的死亡率，这样一种对生命的浪费，我们能无动于衷么？毫无疑

问，无论是站在人道的立场，还是从科学的角度，都需要我们对城市状况和职业环境进行一次详细的考察。

萨克拉写这本勇敢的书，是为了"激起公众对这个问题的关注"。他清楚地知道，上层社会不愿意让人们讨论这个问题，但他确信，情况可以改变，而且必须改变：

> 大多数认真思考过这个问题的人都会承认，我们的工作条件在相当大的程度上有害于健康。但他们相信，或者宣称他们相信，有害的因素不可能被消除，并极力主张，对这些有害因素进行调查只能产生痛苦和不满。依据事实和考察材料，我的结论是，在我们的很多职业中，有害因素可以被直接消除，或者减少。有害因素之所以被允许存在，特别是在那些可以采取适当手段加以控制的地方，自私和冷漠是关键的障碍。即使是在那些没有任何手段可以补救的地方，经过观察和讨论，通常也会找到解决问题的办法。我们甚至可以说，人类只有承认这一事实，并用智慧执着地去解决此类问题，就一定能产生明显的效果。

埃德温·查德维克在 1842 年出版的那部里程碑式的巨著《英国劳动人口卫生状况的报告》（*Report on the Sanitary Condition of the Labouring Population of Great Britain*）里证实了萨克拉的发现。自 1831 年之后多次横扫欧洲的亚洲霍乱是一个很有说服力的论据，因为它对劳动人口造成了严重的破坏，并威胁到所有人。

情况一直在改善，但
非常缓慢。英国 1802 年通
过的"学徒工的健康与道
德法案"把纺织厂童工的
劳动时间限定为 12 小时。
1833 年的法案禁止 12 岁以
下的童工每天工作 8 小时
以上，禁止 13~18 岁的童
工每天工作 12 小时以上。
任命了工厂检查员充当执
行官，但依然发生了很多
虐待行为。1842 年，妇女
和 10 岁以下的儿童被禁止

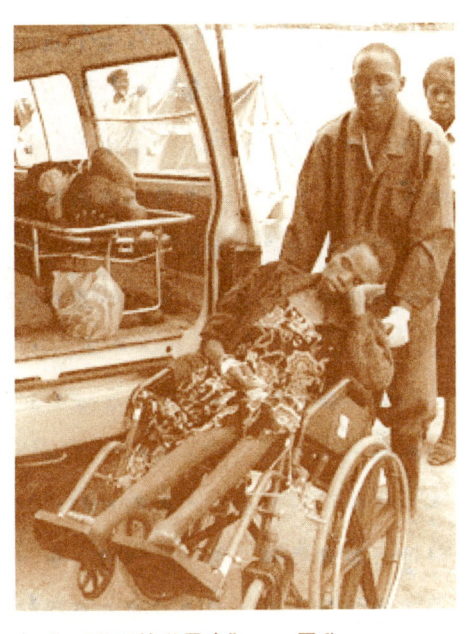

◆ "19 世纪的世界病"——霍乱

从事地底下的工作。1847 年为妇女和儿童引入了 10 小时工作日制
度，但 10 岁以下的孩子被允许在英国的工厂里工作，这种情况一
直持续到了 1874 年。

1848 年的《公共卫生法》开创了一系列的公共建设工程之后，
卫生状况得到了改善。1824~1825 年间，工人组织工会的权利在
英国获得承认。在一个多世纪的奋斗过程中，他们成功地逐步改善
了工作和生活条件。

英国是第一个经历工业化的全面冲击的国家，在欧洲大陆和美
国，工业化直到后来才完全成熟。条件各不相同，但每个国家迟早
都会被迫通过劳动法来保护工人。

今天，在大多数西方国家，人们都生活在工业化的社会里。工

◆ 埃及的奴隶劳工

厂里大量生产的商品，甚至还有农业，都变得越来越技术化和机械化。对这一发展，我们喜欢也好，不喜欢也罢，结果都是一样的。我们必须接受这一事实，因为我们不可能回到中世纪的手工业时代。现代机器工业已经扎下根来，它极大地提高了我们的生活水平，并因此对人民的健康和幸福做出了巨大贡献。另一方面，毋庸置疑，工业劳动也创造了很多新的健康危害，使劳动者连续不断地接触高能物理和化学物质。此外，作为极端劳动分工的结果，工作变得更加单调乏味，工人很难认识到他是在参与一个非常重要的创造过程。

国民的财富主要由工人和农民的劳动产生，社会所能做的，至少是通过一切可利用的手段减少他们的危险。劳动保护需要科学的研究、标准的建立以及执行这些标准的立法。工伤事故和职业病都是雇主的责任，他必须毫不迟疑地妥善处置，而且不能让劳动者掏腰包，对误工和伤残必须做出恰当的赔偿。最早的工业伤病诊所1910年开设于纽约和米兰，对工人的伤病赔偿最早于1883年引入德国。作为总体社会保险计划的组成部分，英国的第一部赔偿法在

1897 年获得通过，1906 年进行修订的时候，共有 31 种职业病被包含在内。工业高度发展的美国，是最晚引入工伤事故赔偿的国家之一。这样的法律，自 1900 年之后在几乎所有国家都获得了通过，并且今天依然有效。然而，依然有很多国家对职业病不做赔偿。

很多社会所需要的职业有害于健康，即使是在最好的卫生条件下。抵消其有害影响的唯一办法，就是减少工作时间，提供带薪假期用于休息和娱乐。事实上，假期很不够。一年到头吸入灰尘的煤矿工人、经常处理白热金属的钢铁工人、一直站在织机前工作的纺织女工、从事一个季节艰苦劳作腰酸背痛的水果采摘工——他们全都需要一次以上的年假。他们需要进行医学修复，好比定期对我们的机器进行大修。我们知道，在这些机器彻底损毁之前进行小打小闹的修补更为划算。我们为什么不把同样的原则应用于对人力的保护呢？一套合理的预防医学计划，不仅要预计劳动人口的年假以及休息和娱乐的手段，而且还要提供定期体检，以及所有必要的便利设施，以治疗小病小痛，避免发展成重病。

如果没有女人的合作，工业的发展将是不可能的。她们的劳动实际上创造了纺织工业，最终对她们的社会解放和经济解放所做出的贡献超过其他任何事情。一旦在生产的过程中牢牢地站稳脚跟，有了她们自己的收入，女人就有资格要求得到与男人平等的权利。然而，女人始终承载着一个有着巨大社会意义的生理负担——生孩子。因此，社会必须为工作女性提供特殊的健康保护，必须把她们排除在那些特别有害或者在身体上特别费力的职业之外，必须在分娩前后给予她们带薪假期，必须提供看护孩子的托儿所及其他保护措施。

◆ 女人日益成为劳动大军中的一支重要力量

　　工业化从根本上改变了整个世界的社会结构。100 年前，在大多数西方国家，多数拿钱给人干活的人是独立的生产者。如今，绝大多数人都是靠劳动市场谋取生计的工薪劳动者。资本主义生产的不安全，是影响人们生活水平的一个因素，也是非常深刻地影响他们健康的一个因素。他们承担了工作的职责，也完全可以视工作为一项权利。在最好卫生条件下的稳定职业，工作、休息和娱乐之间的恰当平衡，以及让人能够过上体面生活的工资水平——这些都是公共健康的基本因素，也是重要因素。

3. 贫穷致病

　　任何一个社会，疾病的发生率都主要取决于经济因素，其中有些因素已经在上一章中提及。很低的生活水平，缺乏食物、衣服和燃料，恶劣的住房条件，以及其他贫穷的症状，始终是疾病的主要原因。

卫生条件有了极大的改善——至少在西方世界是这样，但这种改善并没有一视同仁地让不同的人群从中受益。在很多情况下，这个过程是这样的：一种疾病，比方说肺结核或疟疾吧，不加区分地攻击所有群体。随着文明的发展，生活水平提高了，医学也进步了。高收入群体首先得益于这些进步，而让疾病在低收入群体中继续肆虐。有几个例子可以生动地说明这一经济决定疾病的理论。

肺结核病死率的降低是惊人的。在马萨诸塞州，1857 年的肺结核年病死率是每 10 万人 450 人左右。这个数字稳步下降（以下数据均为十万分之比），1938 年降到了 35.6。在整个美国，这个数字 1900 年是 190.5，1938 年是 48.9。然而，这些数字都是平均数。如果我们仔细加以分析的话，很快就会发现，它在不同社会的群体中存在着重大差异。几代人之前，这种疾病发生在所有阶层中。如今，它主要跟低收入群体、尤其是跟非技术工人及其家人联系在一起。这就是为什么在美国黑人承载肺结核的负担比白人要沉重得多的原因。

◆ 肺结核患者

有人研究过法国巴黎不同街区的肺结核发病率，分析显示：1923～1926 年间，在生活富裕的第 16 街区，肺结核的病死率是 130，而在工人阶级居住的第 20 街区，病死率是 340。在这一座城市之内，1926 年的差异甚至更惊人，第 8 街区的病死率是 75，而第 13 街区是 306，这个比率是一比四，或者说，跟美国白人和黑人当中肺结核病死率之比大致一样。1924 年，在巴黎的一组 17 个街区（共有 4 290 幢房子，人口 185 000）当中，病死率是 480。换句话说，这些街区 1924 年的病死率比马萨诸塞州 1857 年的病死率还要高。

罗洛·H. 布里顿在 1934 年公布的美国统计数据，非常形象地说明了经济在疾病中所扮演的决定性角色。在 10 个州的从 25 岁至 44 岁这个年龄段的群体中，每 10 万人的肺结核病死率分别是：

专业人士	28.6
职员	67.6
技术工人	69.0
非技术工人	193.5

这种情况不仅适用于肺结核，而且也适用于其他的疾病，尽管差异没有这么显著。根据同一项研究，肺炎的病死率是：

专业人士	5.8
职员	6.5
技术工人	7.2

非技术工人　　　　　　　　9.4

疾病的分布不均，还反映在一般死亡率上，即每 1000 人的年死亡人数。在所有工薪劳动者的平均死亡率是 8.7 的时候，上述各类人员的死亡率分别是：

专业人士　　　　　　　　7.0

职员　　　　　　　　　　7.4

技术工人　　　　　　　　8.1

非技术工人　　　　　　　13.1

赛登斯特里克、惠勒和戈德伯格在《南卡罗来纳州七个纱厂村落中与家庭收入有关的致残疾病》（*Disabling Sickness among the Population of Seven Cotton Mill Villages of South Carolina in Relation to Family Income*）所做的一项调查，显示了 1916 年 5~6 月每个成年男性半个月的家庭收入与疾病发生率之间的关系如下（按参与调查的每千人计）：

6 美元以下　　　　　　　70.1

6~7.99 美元　　　　　　48.2

8~9.99 美元　　　　　　34.4

10 美元以上　　　　　　18.8

我们常听人说，低收入群体中的高发病率，更多的不是源于经济因素，而是源于缺乏毅力，源于低劣的遗传天赋。我们被告知，这些既是经济地位低的原因，也是疾病发生率高的原因。美国公共卫生局在最近的这场经济危机期间所发布的《健康与萧条研究》（*The Health and Depression Studies*）使这样一种论点不攻自破。这项研究做过一次调查，以确定 12 000 个工薪家庭（包括 49 000 个在不同程度上受大萧条之害的个人）的伤残率。他们在 8 座大城市和较小社群中的两个有代表性的群体当中挨家挨户进行调查。完整的数据由这些家庭在 1929～1932 这 4 年时间里的数据汇聚而成。

◆ 疾病最喜欢光顾贫寒之家

它们的中间收入在 1929 年是 1 650 美元，1932 年是 870 美元。结果非常有意思。可以把它们概括为下面几点：

1．无就业成员的家庭，其致残疾病率比有充分就业成员的家庭高出 48%。

2．从相当舒适的环境沦落到领取救济的状况的家庭，其致残疾病率比在这 4 年期间依然保持舒适的家庭高出 73%。

3．从宽裕环境沦落中等环境的家庭，其致残疾病率比依然保持舒适的家庭高出 10%。

4. 从中等环境沦落贫困境况的家庭，其致残疾病率比依然保持中等境况的家庭高出 17%。

5. 从宽裕环境沦落贫困境况的家庭，其致残疾病率比一直贫困的家庭高出 9%。

我们掌握的所有证据都表明，人们的经济地位跟他们承载的疾病分量之间有着非常密切的关系。即使是最先进的国家，在低收入群体中，也存在着一个巨大的疾病蓄水池。

下一步的发展，是当一个国家彻底战胜了一种疾病的时候跨出的。在这样一种情况下，这种疾病可以说被赶出了这个国家，但它继续存在于其他地方，主要是在经济落后的地方。很多传染病发生

◆《拿破仑视察加法的鼠疫患者》，1804 年，安托万 – 让·格罗 (1771–1835)，法国

过这种情况。

自 18 世纪以后，鼠疫对西方世界来说已经不再是个问题，但在亚洲和非洲，它依然存在。1896 年在亚洲爆发的流行病并没有传到欧洲。从 1903 年到 1921 年，仅印度就有 1000 万人死于鼠疫。即使是这样一种高度传染性的疾病，其对不同的社会经济群体的影响也各不相同。在印度的一次流行病大爆发中，每 100 万人的死亡率是：

低种姓印度人	53.7	犹太人	5.2
婆罗门	20.7	帕西人	4.6
伊斯兰教徒	13.7	欧洲人	0.8
欧亚混血儿	6.1		

很多其他的传染病，比如霍乱、黄热病和斑疹伤寒，也以类似的方式被赶出了经济发达国家，但我们绝没有摆脱它们。我们继续在落后国家繁殖它们，任何时候它们都可能成为对我们的一种威胁。一场战争，一场革命，以及扰乱公共卫生控制这台微妙机器的任何事件，都可能导致一种无视任何政治边界、到处传播的流行病的死灰复燃。上一次世界大战就引发了一些自中世纪以来再也没有见过的流行病。如今，就在 1941~1942 年间的冬天，斑疹伤寒已经在东部前线爆发。

从这些事实得出的结论是显而易见的。在每一个国家，疾病都必须竭尽一切可用的手段以及在它最猖獗的地方（在低收入群体当中）予以还击。作为现代交通运输手段的结果，世界已经变得非常之小，因此，我们不仅要在全国范围内，而且要在国际范围内来思考和计划。在健康事务上，如果忽视了全人类的团结，就一定会受到惩罚。今天，尽管医学已经取得了长足的进步，但全世界依然有10亿人（主要在亚洲和非洲），其生活和卫生条件，比西方世界在其整个历史上所经历过的最糟糕的情况还要糟糕。因此，我们的问题绝没有得到解决。它不仅需要医学的手段，而且更需要采取广泛的社会和经济措施。所以说，公共卫生问题归根到底是一个政治问题。

本章还必须讨论问题的另一个方面，这就是：疾病的经济后果。

疾病不仅制造了痛苦，而且还造成了经济损失。病人不能工作，因此损失了他的工资。疾病经常永久性地或长时间地折磨着人们，使其丧失劳动能力，没法就业，结果可能导致整个家庭在社会等级阶梯上的迅速下降。因此，疾病导致贫困，反过来，贫困又导致更多的疾病。然而，疾病造成的危害，已经超过了病人自己和他的直系亲属，而累及作为整体的社会，因为后者被剥夺了患病公民的劳动力——永久性的或临时的。每个国家都有成千上万的人毫无必要地过早死于那些原本可防或可治的疾病，而每一个这样早死的病例，对国家来说都是一笔资本损失。因此，疾病通过毁灭劳动力及个人和群体的谋生手段，从而直接妨碍了社会生活。当社会不得不提供经费来治疗病患者的时候，损失便变本加厉——很大比例的救济款被用来养活那些由于疾病而陷入贫困的人。

很多病可防，还有很多病可治，但预防和治疗都要花钱。社会必须为医生、公共卫生官员、牙医、护士及其他医务人员提供生

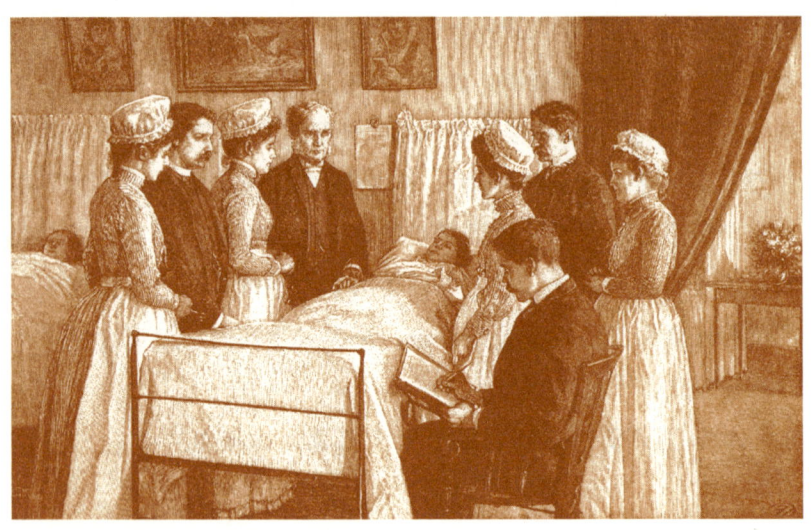

◆ 个人的疾病常常让整个社会蒙受损失

计。所有这些人都必须在花费昂贵的机构中接受训练，大笔的钱被用于研究，以便增加使他们能够更有效地发挥作用的知识。在医学治疗的各个方面，医院扮演的角色越来越重要，它的费用也有了相当可观的增长。最后，医疗用品——比如药物和器械——的需求也在迅速增长。

有的医学治疗，可以通过公共经费或慈善基金来获得，但其中大多数都必须由个人来购买。而在这个时候，他们通常因为生病而囊中羞涩、捉襟见肘。生病的风险，尽管对个人来说是无法预知的，但对更大规模的群体来说却可以准确地预测。为了在很多人当中分散风险，也为了共享他们的资源，自愿保险的原则得以应用，从医学同业公会的互惠基金，到消费者的健康合作社。工薪劳动者的强制健康保险在 1883 年引入德国，之后被引入很多其他西方国家。1864 年，医学治疗在俄国的乡村地区成了一项通过税收筹集经费的公共服务，苏联把所有的医学服务都"社会化"了。

　　没有一个人能够认识到疾病所导致的经济损失究竟有多么巨大，直到某些社会群体或国家的数字变得可以利用，情况才有所改观。1873 年，在一项开拓性的研究中，马克斯·冯·佩腾科弗着手估算，健康对他的家乡慕尼黑市来说究竟有多大价值。那年慕尼黑的人口有 17 万，一般死亡率高达 33‰。换句话说，这座城市每年有 5610 人死亡。佩腾科弗以充分的证据声称：平均每人每年生病的天数是 20 天，这样一来全城人口总的时间损失高达 340 万天。估计由误工和医疗费用所导致的金钱损失是平均每天 1 个弗罗林——这是一个非常保守的估计——很显然，全城居民每年由于疾病所导致的损失高达 340 万弗罗林，这在那年头是一笔巨大的金

◆ 慕尼黑城

额。疾病对人民的劳动时间征收了 5% 的费用。即使不考虑早死所导致的资本损失，这些数字也令人印象深刻。

佩腾科弗接下来计算了如果慕尼黑城能够成功地把死亡率从 33 减少到 22 的话（当时伦敦的死亡率是 22），能够挽回多少损失。他向我们显示，那样每年将会保留 1870 条人命，减少 63580 例疾病，以及 127.16 万天的工作时间。这意味着帮慕尼黑人民省下 127.16 万弗罗林。以 5% 的比例资本化，这样一笔数额代表了 2543.2 万弗罗林。慕尼黑的财富因此会大有增长，这仅仅是改善卫生条件的一个结果。

60 年之后，在美国，医疗费用委员会发现，1929 年美国为医学治疗共花掉了 36 亿美元，分类如下：

一、人员　　　　　　　　　　　　（单位：百万美元）

　　1、医生　　　　　　　　　　　1090

　　2、牙医　　　　　　　　　　　445

　　3、护士

　　　　a）大学毕业的　　　　　　142

　　　　b）有实际经验的　　　　　60

　　4、辅助人员

　　　　a）助产士　　　　　　　　3

　　　　b）验光师　　　　　　　　50

　　　　c）手足病医生　　　　　　15

　　5、宗教从业者　　　　　　　　125

　　总计人员费用　　　　　　　　1930

二、医院

　　医院运营　　　　　　　656

　　基本建设　　　　　　　200

三、私人实验室　　　　　　3

四、用品

　　1、药　　　　　　　　665

　　2、眼睛　　　　　　　50

　　3、整形外科器械　　　2

五、公共卫生　　　　　　121

六、各种组织化服务　　　29

总医疗费用　　　　　　3656

当然，疾病导致的经济损失总计远远超过 36 亿美元。在医疗费用的基础上，还必须加上误工损失和早死所导致的资本损失。有人有根有据地估算，美国人民每年由于疾病所造成的损失高达 100 亿美元。

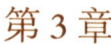

第 3 章

社 会 与 疾 病

1. 健康就是至善

　　没有人能孤身一人生活在这世界上。即便是一贫如洗的人，既无亲戚也无朋友，他也是某个群体的一员，是社会的一员，被赋予了对社会的责任，也被赋予了权利。我们生活在一个高度专业化的社会，它能够很好地利用不同阶层人的智力、技能和力气。帮我打扫办公室的女佣，为我送邮件的信差，都能够干好他们的工作，而无需拥有不同寻常的智力和训练。然而，如果没有他们的劳动，我们的工作将是不可能的，他们的劳动对社会是有益的，也使他们有资格获得报酬作为交换，让他们过上体面而健康的生活。

　　理想的合作型社会是一个这样的社会：每一个个体在这个社会中都会拥有他最适合的位置，各尽所能，各取所需。这样一个社会在今天看来似乎是一个乌托邦，因为它的先决条件是我们至今尚未达到的教育水准——既包括普通教育，也包括政治教育。它还有一个先决条件是我们至今尚未拥有的富裕经济。然而，文明依然很不成熟，没有理由认为，从竞争型社会到合作型社会的发展不会发生——这一发展没准比我们所期待的还要快。

正如我们看到的那样，当一个人病倒的时候，他就不再是这个社会中有用的一员，他退出了比赛。可以说，他甚至成了同胞们的一个负担。一个社会越是分化，其成员的不健康对其影响也就越大。然而，在一个合作型社会里，有益的工作甚至能提供给身体残缺的人。我们饶有兴致地看到，苏联做出了巨大的努力，以保持部分伤残的个体依然留在工作岗位上，通过一切可以利用的手段，防止技术工人由于疾病而落入非技术劳工的行列。我曾经见过盲人在很多工厂里干着技术活，而另一些工厂里则有专门保留给身体残疾者的车间。在那里，传送带的速度被调整得适合他们的能力。跛子被组织在手工业合作社里。所有这一切，从我们的观点来看都非常不经济，因为这样的个体，其生产力明显要低于正常水平。这种做法，只有在社会本身就是雇主的社会里才有可能。在一个竞争型的社会里，轻微伤残的工人都没有办法赶上完全健康的工人，因此很容易永远成为无力就业的人。

医学的目标，不仅仅是治病救人，更要让人们能够作为社会的有益成员适应他们的环境，或者当疾病攫住他们的时候重新调整他们，使之适应环境。这个任务并非随着身体的康复而大功告成，而是还要继续下去，直到个人在社会中重新找到他的一席之地。如果可能的话，最好是他从前的老地方，或者，如果必要的话，就要找到一个新的地方。这就是为什么说医学本质上是一门社会科学的原因。

在漫长的历史进程中，社会对病人的态度，以及社会对健康和疾病的评估，都有过很大的改变。在任何时代，疾病都使得受害者在社会上形影相吊，孑然孤立，因为他们的生活跟健康人完全不

同。病人被甩出了生活的正常轨道，发现自己的行动受到了限制，茫然无助，不得不依靠别人的帮助。

病人在社会中的位置非常复杂，我们要想对这个问题有一个清晰的看法，就必须简略分析一下历史发展的结果。

世界上现存的真正原始的部落寥寥无几。在它们当中，苏门答腊的库布人似乎值得近距离研究一番，这是冯·唐根、哈根、沃尔茨及其他一些非常仔细地研究过这个部落的人类学家们的观点。库布人生活在原始森林里，小病、皮疹、创伤及其他类似病痛经常伴随着他们。人们并不被认为患有这些疾病的人跟部落的其他人有什么不同，因为他们的判断标准是社会的，而不是身体的。只要一个人能够继续过部落的生活，他的健康状况就不会导致其他个人或整个社会的任何反应。

在重病的情况下，事情就大不相同了，特别是那些涉及发烧的

◆ 苏门答腊的土著人

疾病，比如天花，就更是如此了，天花的流行在这一地区并不是什么稀罕事。这样的患者发现自己没有能力参与部落的生活，他丧失了劳动能力，有强烈的反应，导致他既被整个部落抛弃，也被自己的亲属抛弃。所有人对他避之唯恐不及，就好像他是一具尸体，这使得他完全孤立。患病者早在身体死亡把他打倒之前，就已经在社会的意义上死去了。

库布人不研究疾病的起因，他们就像接受打雷下雨那样对疾病安然受之，无需任何解释。然而，说到生活在更高级文明状态中的部落，我们发现，他们对查明病因有一种非常明显的渴望。病人被认为是一个受害者，他之所以不能像其他人一样生活，是因为有人加害于他。一个敌人对他做了什么事情，通过巫术把外部对象引入他的身体里，要不就是从他的生命中取走了什么必不可少的东西，从而使他中了魔法。要么，是幽灵或魔鬼在折磨他，进入并占领了他的身体。因此，病人在社会中享有特殊的地位，有权得到同胞们的关照和帮助。他是神秘力量的无辜受害者，巫医可以认识并抵挡这些神秘的力量。

如果我们继续进入人类社会更高级的阶段，考察古代东方闪米特文明的状况的话，就会遇到这样一种观点：病人绝对不是一个清白无辜的受害者，而是一个通过疼痛赎偿其罪孽的人。于是，疾病成了对罪孽的惩罚。我们在巴比伦尼亚听到了这一观点，并且被清楚地表述在《旧约》中。我们被告知，上帝显示了他的法律：所有虔诚地追随他的人都会生活在幸福中，但那些做坏事的人就会受到惩罚。疾病和痛苦是作为惩罚而被强加给患者的，为的是惩罚个人的罪，他父母的罪，甚或他的宗族的罪。这是一个冷酷无情的观

念，一个清楚简单的观念。由于这一信条是如此无情，那么，一个像正直的约伯那样的人物，他所承受的痛苦就更加悲惨了。

在这样一种观点盛行的地方，病人发现，自己在某种程度上成了一个让人憎恶的负担。他受了苦，但人们相信，他罪有应得。他的疾病宣示了他的罪孽，让所有人都来看。他被打上耻辱的标记，以一种特别严厉的方式在社会上被孤立。然而，疾病并不仅仅是一种惩罚，它还是一种对罪行的弥补，因此是一种救赎。

在古典时代的希腊社会，病人的地位则完全不同。希腊世界是一个健康人和健全者的世界。在公元前5世纪及此后很长时期里的希腊人看来，健康就是至善。因此，疾病是一个大祸害。理想的人是和谐的存在，肉体和灵魂完美平衡，高贵而美丽。疾病把他排除了完美这个层面，使之成为一个劣等的存在。病人、残疾和弱者，只有在他们的健康状况能够改善的时候，才有可能指望来自社会的体谅。对待一个弱者，最实际的做法就是毁灭他，这种做法十分常见。古人对有组织地照顾病残者一无所知。患病或伤残的人，只有当他重新被认为是一个羽翼丰满的存在时，才算是康复了。医生帮助他实现这个目标，既然这个目标——健康——的价值被如此高估，医生自然就属于最受尊敬的手艺人。然而，如果患者的健康状况毫无希望，他的疾病不可救药，医学治疗无论对医生还是对患者来说都是愚蠢的，因为计划中的目标是不可能达到的。希腊的医生认为，给毫无希望的人看病是缺乏职业道德的。

因此，在古希腊社会，病人发现自己成了令人憎恶的负担，不是憎恶他的罪孽，而是憎恶他的劣等。

社会对待病人的态度，革命性的和决定性的变化，还得等到基

◆ **古希腊人认为健康就是至善**

督教的出现。基督教是作为康复的宗教，作为救世主的和救赎的快乐福音，来到这个世界的。它致力于拯救的对象，是被剥夺者、病残者和受苦者，并允诺让他们康复，这种康复既是身体的，也是灵魂的。基督不是曾经治病救人了吗？疾病并不丢脸，不是对患病者或其他人的罪孽的惩罚，也不会使患者成为劣等人。相反，痛苦意味着净化，意味着变得仁慈宽厚。疾病是痛苦，而痛苦使患病者变得完美。它是灵魂的朋友，发展精神的能力，并指引人们凝视上帝。疾病因此成了一个十字架，患病者背负着它，追随上帝的脚步。

　　病痛的恩惠，可以通过对患病者的同情，而被健康者所分享。"我病了，你们看顾我。这些事你们既作在我这弟兄中一个最小的身上，就是作在我身上了。"（《新约·马太福音》第 25 章第 40 节）照顾社群中的病人和穷人成了基督徒的责任。通过施洗的仪式，一个人成为基督徒大家庭中的一员，有一个孩子在他的家里所拥有的所有责任和权利。这个大家庭包括整个社会，从那以后，社会便担负起照顾其患病成员的义务。

病人的社会地位因此变得从根本上不同于从前。他取得了一个优惠的位置，从那时到现在，这个位置一直是他的。在基督纪元之初，对病人的照顾就是在社群的基础上组织的，一直延续了许多个世纪。随着时间的推移，动机也在不断改变：在最初的几个世纪里，这个动机是基督徒的仁慈；在18和19世纪，它在很大程度上变成了人道主义的。今天，我们照顾贫穷的病人，既是因为实际的原因，也是因为我们认识到：社会因为有生病的成员而受到了严重

◆ 耶稣在治疗病人

的妨碍，患病的群体对全体人口是一个严重的威胁。

在基督纪元之前盛行的社会对病人的态度，从未被完全克服。在中世纪和文艺复兴时期，传染病常常被认为是上帝强加给人类的天惩。直到非常晚近，依然有人认为性病是非常恰当的惩罚，因为它就显现在用来犯罪的器官上。有的患者认为自己的痛苦并非罪有应得，他们义愤填膺的感觉，也表达了生病是报应这个古老的观点。

由于病人所处的特殊境遇，他们发现自己被免除了很多责任。生病的孩子自动被允许不去上学，生病的成人用不着去上班，他还被免除了很多义务，

◆《基督受洗礼》，约 1440 年，皮耶罗·德拉·弗朗切斯卡（1420–1492）。意大利温布利亚画派，文艺复兴时期美术绘画。伦敦国家美术馆。

而这些义务，社会理所当然有权要求它的健康成员去履行。我们将在下一章中讨论：有限责任的观念是如何使法律程序发生了彻底的变革。

病人的特惠地位变得越显著，逃避生存斗争、躲到疾病中寻求庇护的倾向就越明显。这就是那种通常被称作"歇斯底里"的疾病

的深层原因，正如尤金·布鲁勒曾经指出的那样。患歇斯底里的个体，在没有明显的器质性损伤的情况下，突然变聋、变瞎或变瘫，从而逃避了令人不快的现实。歇斯底里是这样一种疾病：任何正常人都不会把它作为一种逃避机制来加以利用。在某种程度上，装病也是如此。任何通过假装、制造或拖延疾病的人，之所以这样做，主要是为了获得社会给予病人的特惠地位，但他并不是以病理状况为基础。装病并不是一个正常的心理机制，至少在正常的环境下不是。

2. 社会放逐者

疾病——各种形式的疾病——总是会影响个人的社会生活。迄今为止，我们已经讨论了疾病的一般社会后果，现在，我们必须简略地考量一下，某些特殊的疾病对病人在社会结构中的位置有什么影响。

说到疾病对患者生活的影响，后果最可怕的莫过于麻风病。这种病发展非常缓慢，患者通常要伴随着疾病的折磨生活几十年，最后才死去。麻风病的传染性并不是很强，比肺

◆ 耶稣在给人治病

结核要小得多，仅就它的传染性而言，并不能解释社会对它的敌视为什么如此强烈。其中必有其他的原因，而最主要的原因大概是这种疾病以一种令人恐怖的方式严重残害受害者的身体：逐块逐块地溃烂，加上坏疽部位散发出来的恶臭，使得晚期的麻风病患者呈现出可怕的情形。社会一直非常强烈地反对病人抛头露面。结核患者那瘦弱的身躯只会引发怜悯感，而皮肤病被认为是令人作呕的。相对无害的皮肤病可以让一个人无法就业，仅仅是粉刺就足以给一个年轻姑娘的社交生活带来不良影响。皮肤病向所有人透露：此人身体有病，而远为严重得多的身体状况，却依然不被那些只注重表面的观察者所知。就麻风病来说，一个令人恼火的因素是：谁都知道它无可救药。

麻风病是一种热带病，至今在热带地区依然流行。它在中世纪初期侵入西欧，在穷人当中尤其盛行，至 14 世纪达到顶峰，此后急剧下降。接下来，这种疾病逐渐在欧洲绝迹，只有大陆的东欧和北欧少数几个地方例外。

当麻风病在中世纪初期开始对社会构成一种威胁时，人们强烈地抵制它。由于不知道用什么方

◆《患麻风病的尤利亚国王》，伦勃朗（1606–1669）

法治疗，医生也束手无策，抗击这种疾病的唯一办法就是借助社会手段。于是，教会承担了与之斗争的任务。人们通过应用《新约·利未记》中的规诫来做这件事。在第13章中找到的关键性段落如下：

1．耶和华晓谕摩西、亚伦说：

2．人的肉皮上若长了疖子，或长了癣，或长了火斑，在他肉皮上成了大麻疯的灾病，就要将他带到祭司亚伦或亚伦作祭司的一个子孙面前。

3．祭司要察看肉皮上的灾病，若灾病处的毛已经变白，灾病的现象深于肉上的皮，这便是大麻疯的灾病。祭司要察看他，定他为不洁净。

45．他就要拆毁房子，把石头、木头、灰泥都搬到城外不洁净之处。

46．在房子封锁的时候，进去的人必不洁净到晚上。

同样的规则被应用于中世纪。把麻风病人终生隔离起来，似乎是保护整个社会唯一可行的措施。怀疑患有此病的人必须向当局报告，然后进行体检。由于诊断结果有着如此可怕的社会后果，因此体检通常在特别严肃的环境下进行，绝不能由一个医生单独执行，而是要由一群医生共同分担责任。在意大利，常常还要增加一名律师，因为这样的诊断还会带来法律后果。医生和患者都要宣誓。医生被告诫一定要小心行事，要牢记真正麻风病的症状，要反复思量，不要信任单一的症状，而是要把所有的症状结合起来考量，要区别典型症状和非典型症状，在做出判断的时候要小心翼翼。还要向患者解释：这种疾病意味着拯救他的灵魂，基督不会看不起这样的病人，尽管人类社会放逐他们。

　　如果得到确诊，病人就被临时隔离在一个偏远的场所，稍后再进行复查。但是，当诊断结果确定无疑的时候，麻风病人便将被终生隔离。他被逐出人类社会，被剥夺公民权利；在有些地方，还会为他举行一场安魂弥撒，就这样，他被他相关的那个社会宣布死亡了。他住在城外的一座麻风病院里，与其他麻风病人做伴，他们全都依靠慈善团体提供食物。在特里尔城，他得到了如下指示：

◆ 麻风病人

你不得进入教堂、市场、磨坊、面包店，亦不得出席任何会议。

你不得在泉水中洗手或濯洗你想洗的任何东西，当你想喝水的时候，你应该用你的杯子或其他诸如此类的器皿舀水。

无论你去何地，都要穿上麻风病人的外套，这样其他人就可以认出你，你不得赤脚走到你的房子外面去。

无论你想购买什么东西，你都只能用一个杆子去触碰它。

你不得进入任何酒馆或其他房子，当你买酒的时候，应该把它灌进你的瓶子里。

你不得与任何女人交合，甚至也不能与你的妻子交合。

如果有人在路上遇见你并向你询问某个问题，你必须先从风吹的方向移步走到旁边，然后才能回答。

如果你过桥，只有你戴上手套之后才能触碰栏杆。

你不得触碰孩子或任何年轻人，也不要给他任何属于你的东西。

除了麻风病人之外，你不得与其他人在一起吃喝，你应该知道，当你死去的时候，你将不会被埋葬在教堂里。

麻风病患者对继发性感染非常敏感。1348～1349 年间，当黑死病在全世界肆虐的时候，消灭了四分之一的欧洲人口，麻风病人首先在这场瘟疫中倒下。很多麻风病院在 1349 年之后因为入住者寥寥而关门大吉，从那时起，麻风病迅速衰退。

今天，在基督教是主流宗教的任何地方，麻风病人依然被隔离。社会不害怕肺结核，但被麻风病吓坏了，主要是由于《圣经》

◆ 与世隔绝的麻风病院（伦敦）

的传统。隔离没有任何医学意义，相反，它甚至是有害的，因为家人往往会隐藏患病的家庭成员，为的是不失去他。在这样做的时候，他们使患者失去了医学治疗和监督。在日本及其他非基督教国家，麻风病人被治疗，而不是被隔离，其效果跟那些隔离的国家并无不同。

隔离还有经济上的理由。大多数麻风病人都很穷，把他们一起关在麻风病院里，比让他们在各自的家里分别治疗或者让他们像乞丐一样满世界乱跑更省钱、更有效。此外，在麻风病院里，他们与同病相怜的病友生活在一起，从而逃过了社会放逐。否则的话，一旦病情进入晚期，这种放逐就不可避免地要降临在他们身上。很多现代机构，配备了很好的教育和娱乐设施。作为治疗手段改进的结果，很多病例得到了抑制，患者获得了假释。这使得世界大不相

同。隔离在麻风病院里不再是终身判决——像从前那样；患者依然有希望。此外，很多国家的对他们的管制并不那么严格。如果患者的经济状况使他能够维持一定的卫生水平的话，可以让他自由，不过他依然处在医学监督之下。尽管如此，麻风病依然是人类的大患之一，也是所有疾病当中社会后果最严重的。

3. 上帝惩罚犯罪器官

社会对性病患者的态度在过去几百年里也有很多的改变，并且是以一种非常典型的方式。我没法讨论欧洲梅毒的起源，因为我不知道起源在哪儿。很可能，这种疾病在中世纪就出现了，只是人们并没有认识自身的本质，但也很有可能，它是从新大陆输入的。这个问题至今依然众说纷纭，远没有尘埃落定。不管怎么说吧，至少在15世纪末，欧洲已经清楚而广泛地认识到了梅毒，它所呈现出的症状比今天要严重得多。它被认为是一种新的疾病，并在数量迅速增长的出版物中得以描述和讨论。

起初，人们并没有清楚地理解性病的传染源。这种疾病被认为是一种灾祸，就像其他的传染病一样。有人把它的起源归因于自然的因素，归因于沼泽的蒸发，或者归因于宇宙的因素，归因于行星的特殊构造；另一些人则把它视为神的惩罚。人们沉湎于不虔诚的、亵渎上帝的行为，上帝便打发这种疾病来到他们当中，以此惩罚他们，正如从前打发别的瘟疫来到人间一样。人们相信，这种疾病是以流行病的方式传播的，每个国家都把它归咎于邻国。人们并不把梅毒看作是一种耻辱，也没有做出什么大的努力与之斗争。到15世纪末，法兰克福市为梅毒患者提供免费治疗，并在治病期间豁免他们的税收，以此作为一种特殊的劝诱手段。由于这种疾病有皮肤症状，它在很大程度上归入外科医生的领域，他们用汞来治疗它。他们使用大剂量的汞软膏，这种疗法尽管有效，但人们认为，治疗本身就是一种折磨。

在 1520～1530 这十年间，传染的性特征被人们普遍认识，从那时起，对待性病的态度就在很大程度上取决于人们对性的一般态度。只要社会不谴责婚外性行为，性病就被当作一次非常不愉快的意外，当然，是一次不

◆ 8 世纪是个放荡的世纪

涉及任何道德谴责的意外。文艺复兴时期对性事非常宽容，妓院是被人们普遍接受的机构，谁也不会想到隐瞒自己被传染的事实。皇帝和国王，贵族，俗人和教士，学者和诗人，都有患梅毒的经历被记录在案。人文主义者乌尔里希·冯·赫顿用优美的拉丁文写过一本书，书中非常详细地描写了自己的病情。他想让其他人从自己的经历中受益。他承受了巨大的痛苦，不仅来自疾病，也来自汞疗法，他对从美国进口的新药"愈疮木"赞不绝口。此药的主要进

◆《维纳斯和阿东尼斯》，1553–1554 年，提香·韦切里奥（约 1477–1576），意大利威尼斯画派，文艺复兴时期美术绘画。马德里普拉多博物馆。

口商、奥格斯堡的富格尔家族十分热心地鼓吹梅毒起源于美国的理论，因为很明显，一种美国病，最好是用从美国进口的药来治。愈疮木是那些对这种新病也开始感兴趣的医生们最喜欢的药。用涂擦法治疗是一种肮脏而残忍的方法，对那些治疗平民百姓的外科大夫来说是个好办法，但对那些有学问的医生来说则不是这样。文艺复兴时期对梅毒有一种非常冷静而务实的态度，这种疾病被认为是一种痛苦的折磨，但本质上跟其他疾病并没什么不同。性病患者跟其他人相比，既不更好，也不更坏。

在 siècle galant（法语：优雅的世纪，指的是 18 世纪），上层社会对梅毒的态度明显变得轻浮。症状表面上不那么严重，当汞被制成药丸的时候，疗法也得到了改进。在一个伟大的淫荡世纪，梅毒被当作一桩不可避免的小小意外。它是骑士的疾病，是维纳斯的飞镖所导致的创伤，却由墨丘利来治愈（译者注：这是一句双关语，维纳斯和墨丘利都是罗马神话中的神，墨丘利和汞是同一个单词）。人们拿它开玩笑，编写关于它的小曲。

随着中产阶级的崛起，情况发生了根本性的改变。一种所处特殊境遇的对梅毒的新态度，到 19 世纪成为主流意识。中产阶级从一开始就谴责性行为上的放荡，强调家庭的圣洁。中产阶级的成员都要求美德，或者至少是装出美德的样子。通过表明这样一种态度，中产阶级声称，他们比贵族更优秀，因此有资格掌握权力。但是，中产阶级还试图补救那套在封建主义的废墟上构建起来的冷酷无情的经济制度。

性病通常是婚外性行为所致。因此，受害人被打上了淫乱的标记，成为一个破坏规则的人。他丢人现眼，名誉扫地，他的家人深感耻辱。梅毒和淋病不是普通疾病。它们是可耻的疾病，令人羞于启齿，在品德良好的社会肯定没人愿意提及它们。年轻人在一次放纵之后发现自己染上了此类疾病，倘若没钱去寻求恰当的医学治疗，宁愿去找江湖郎中，也不愿寻求父辈的帮助。传统习俗不允许在结婚前询问一个年轻人的健康，很多年轻女人在蜜月期间被淋病发作的丈夫所传染。

在宗教圈子里，性病是对罪孽的适当惩罚的观点被广泛接受。1826 年，教皇利奥十二世下令禁止避孕套的使用，因为它公然违抗上帝的意图——通过打击用来犯罪的器官来惩罚罪人。即使到了 20 世纪初，依然有教会人士对欧利希发明洒尔沸散（译者注：即肿凡纳明，亦称六〇六，为治疗梅毒的特效药）深感不安。

在此类观点盛行的地方，性病患者在社会上有一个非常特殊的位置，这个位置使得抗击这些疾病的医学变得极其困难。那些清教传统非常强大的中产阶级国家，即使在今天也依然没有完全克服这种态度，我们可以在美国清楚地看到这一点。结果，它们的性病发病率远远高于那些已经发展出了一种新的、更健康的态度的国家。

◆ 结核杆菌的发现者罗伯特·科赫

新的态度是从一种不断增长的社会意识中发展出来的。性病被认为是一种威胁，它不仅威胁到个人，而且威胁到整个社会；它是一种瘟疫，同时侵害个人和整个民族的生命活力。它不加区别地袭击"有罪者和无辜者"——在美国，每年有 6 万个孩子携带着先天性梅毒来到这个世界。在很多国家，全社会都开始关注这一威胁，并要求动用政府的权力予以保护：丹麦、苏联和德国都制定了旨在消灭性病的严格法律。治疗是免费的，但是强制性的，任何逃避治疗的行为都是在犯法，要受到法律的惩罚。罪行更大的是那些通过传染他人而传播这种疾病的人：根据德国 1927 年的法律，这样的人可以被判处 3 年监禁。在所有持这种态度的国家，性病迅速消失。这是否会像很多人担心的那样，影响人民的道德呢？答案是明显的：当一个民族达到了很高程度的社会意识，并强烈认识到其社会责任的时候，就不需要疾病来帮助它保护其人民的道德。

4. 肺结核

麻风病几乎从温带地区的西方国家消失了。性病也正从社会先进的国家迅速撤退，在不远的将来，肺结核也必将成为过去。影响肺结核发病率的有三个因素：罗伯特·科赫在 1882 年发现的结核杆菌，个人的遗传素质，以及他们所处的社会环境。正如我们在上一章中提到过的那样，在过去 50 年的时间里，肺结核发病率的降低相当可观，毋庸置疑，这主要是社会环境改善的结果。

肺结核对患病者生活的影响，取决于不同的因素。它不是一种令人望而生畏的疾病（像麻风病那样），也没有任何道德谴责被加诸它的身上（像性病那样）。跟其他任何病人比起来，肺结核患者更被认为是一个悲剧角色，特别是当一个年富力强的青壮年罹患此病的时候。它本质上是一种慢性病，通常发展缓慢。患者的智力依然完好无损，甚至多半因为体温的略有上升而得到了激发，性欲也受到了刺激，要么是由于体温，要么是由于疾病所导致的某种我们尚不知道的化学因素。即使当他们形容枯槁、咳嗽不止、眼看着离死期不远的时候，肺结核患者还是满怀希望，在谋划着他们未来的生活。

一个众所周知的事实是，很多有天才的男男女女都患有肺结核。如果认为是这种疾病赋予了他们以创造力，那是荒谬可笑的。在这个世界上，一个没有天才的地方，任何疾病也不可能给它提供天才。另一方面，毋庸置疑，患上肺结核对任何人来说都是一段刻骨铭心的经历，而对于一个有创造力的艺术家来说，这段经历必定会反映在他的作品里。在后面的一章中，我们将更详细地讨论这个问题。

肺结核的疗养院疗法把一个新的音符带入对患者的社会学研究当中。在疗养院，病人生活在一种有点不真实的氛围中。他被迫远离了他原先的正常环境，发现自己被迁移到一个全新的环境中，通常坐落在优美的风景当中，绿树成荫，群山环绕。在这里，既不指望、也不允许他工作。他对社会没有义务，有人照料他，护理他，营养良好，一般来说，生活水平比平常还要高很多。换句话说，他在很大程度上被授予病人的特权地位。如果说他是一个医学上的可怜人，那么，他住在疗养院里就像这个社会的客人一样，疗养院因此表现得对他很感兴趣，想让他来这里康复。在很多病例中，整个家庭都倾其所有，尽可能让病人获得治疗。患者仅仅因为健康状况而成了一个颇为重要的人。他的病友全都患有同样的疾病，这使得肺结核疗养院有了一种特殊的氛围，完全不同于一般的医院。

患者只有一项任务：康复。康复是他待在疗养院里的最高目标和最终目的。他希望活下去，希望重新成为健康人，回归家庭。然而，他在无意识中感觉到，在他康复的那一刻，他将失去他的特权

◆ 肺结核疗养院（美国，新泽西州）

地位，他将不再重要（至少不是同一种意义上的重要），并且将重新开始日常生活的艰辛苦累。随着这一天的到来，一种非常有意识的对未来的恐惧出现了：康复会持续吗？他会找到工作吗？医生建议他在户外干点轻活，但是，会有这样的工作吗？这种工作能让他体面地养家糊口吗？

所有这些担心，有时候会让患者产生一种抵触情绪，对此，医生必须考虑到。他的任务不仅是让患者在身体上得以康复，而且还要让他为重新调整的过程做好心理上的准备，并在这个过程中给他以帮助。肺结核是极具社会性的疾病，最好的医学治疗，如果不跟社会措施结合起来，那简直是浪费。如果只是让病人回到贫民窟，那治疗就毫无意义了；愈后干预像住院治疗一样重要，治疗仅仅是一系列社会措施中的一个环节，这一系列措施从教育和早期发现开始，以社会性康复为结束。

英国的帕普沃斯村是一个小社区，肺结核患者在这里不仅得到治疗，而且还进行社会性的康复。他们可以跟家人生活在一起，从事不同行业的工作，像社会的有用成员一样。这个小村充分证明：即使在现有的社会结构之内，我们也能做点什么。唯一遗憾的是，这样的机构不是很多。

5. 令人悲痛的篇章

那些患有精神疾病的人，他们的历史是社会医学史中令人悲痛的篇章。因为千百年来，精神病人的境遇一直非常糟糕；因为在所有医学训练当中，精神病学至今依然是最落后的。在美国，50% 的医院床位——超过 50 万个——被精神病患者所占据，还有成千上万的病人仅仅因为没有足够的床位而被拒之医院门外。没有哪个生病群体需要这么大量的住院治疗，这清楚地证明：在大多数精神病的病例中，医学依然束手无策。

◆ 牛顿也曾受精神疾病侵袭

心理学，像其他的科学训练一样，也取得了长足的进步。关于正常的头脑和生病的头脑是如何运转的，我们今天所知道的比 50 年前要多得多；我们还有可能做到：让很多患有神经官能症的个体继续适应他们周围的环境。而在过去，他们只能一直痛苦下去，毫无治愈的希望。然而，说到精神病，我们依然无能为力，除非我们处理的是那些由感染或中毒导致的精神疾病。有证据表明，精神病常常可以在某种遗传素质的基础上发展出来，对于治疗这样的病例，我们所能做的也很少。

精神疾病对患病者的社会生活有着非常深远的影响。精神病患者明显不同于正常人。他们用完全不同的方式认知、感觉、思考、行动和反应；这使得他们孤立，有时甚至是非常严重的孤立。紧张症患者能够一动不动地待上很长时间，完全超然于这个世界。

精神健全与精神错乱之间并没有明显的界线。大多数精神病患者在身体上看上去像正常人一样，这自然影响到社会对他们的态度。医学干预主要涉及身体的疾病，一个看上去正常但行为反常的人，未必会引起医生的注意。相反，把他交给牧师——灵魂的医生——似乎更合乎逻辑。值得大加赞赏的是希腊的医学：它认识到精神错乱是一种病态，医生应该予以关注，尽管很多精神病患者无疑是到神庙里去寻求治疗。对社会无害的精神病人，交给他们的家人去照料，否则的话，他们必定像流浪汉一样在大街上游游荡荡，今天在东方依然可以看到这样的情形。想必有很多病人因为缺乏治疗而死去。

希腊的精神病学幸存到了中世纪，并被反映在一些医学写作者的作品里。然而，在一个被宗教所主宰的时期，治疗精神错乱的宗教途径必定很强大。一个说话做事跟别人不同的人，显得就像是一个被邪灵和魔鬼附体的人。那么，治疗方法就在于通过驱魔或其他程序把鬼魂驱逐出去。基督曾经这样做过，并给了他的门徒以同样的法力。原始医术的所有繁文缛节，全都以基督教化了的形式，被应用于对精神病的治疗。

◆ 为精神病人驱魔

就其本身而言，魔鬼附体是一次意外，而非犯罪。基督并没有惩罚过魔鬼附体的人，而是通过驱走鬼魂的办法来治疗他们。然而，随着巫术迷信的出现，有人认为，女巫已经被魔鬼附体，或者已经跟魔鬼达成协定：她们已经成了异教徒，她们的罪行就是异端邪说。作为异教徒，她们得到的，不是治疗，而是惩罚。惩罚的办法是在火刑柱上烧死。《巫师之锤》（*Malleus Maleficarum*）出版于1489年，在接下来的几个世纪里，成千上万的精神病人饱受折磨，被拷打至死，ad maiorem Dei gloriam（拉丁文：为了天主更大的荣耀）。

当"巫师之锤"重重地落下的时候，一些哲学家和医生——但不是很多——对精神病采取了不同的态度。16世纪，西班牙伟大的人文主义者、心理学家和社会改革家胡安·卢斯·维韦斯把精神失常者看作是需要和蔼对待的病人。

◆《拉萨鲁斯的复活》，约1455-1460年，阿尔贝特·凡·奥瓦特（活跃于15世纪中期），尼德兰画派，文艺复兴时期美术绘画。柏林国家美术馆。

医生帕拉塞尔苏斯并不否认女巫的存在，但他认为，精神疾病本质上是精神上的，约翰·威尔在他的著作《论妖术》（*De Praestigiis Daemonum*，1563）一书中公开反对女巫迫害。他对精神病有着强烈的兴趣，并认识到，那些被当作女巫而受到迫害的女人肯定是脑子出了毛病，需要医学治疗。

女巫继续被绑在火刑柱上烧死，尽管数量在不断减少，直至18 世纪末。理性主义的兴起帮助战胜了这种非理性的态度，这种态度本身就是一种被迫害妄想症。但即使是那些没有成为牺牲品的患者，他们所受到的对待也够糟的了。如果没有家人来照看他们，或者，如果他们有暴力倾向，对他们所在的社群是一种威胁，那么，他们就会被禁闭在救济院、济贫所或监狱里。很多人就这样在那里生活了许多年，像野兽一样被铁链锁在高墙之内，遭到看守的残忍鞭打。从中世纪末叶起，不同的国家陆续建起了专门的疯人院，用来监禁精神病人，但这些疯人院跟监狱比起来几乎没有什么不同。

在人道主义运动的影响下，社会逐渐意识到了对精神病人的责任。在法国大革命期间，当菲利普·皮内尔把在巴黎的比塞特疯人院里的患者都给放掉的时候，他们身上的锁链就这样被戏剧性地砸碎了。在英国，贵格会教徒在这一人道主义努力中充当了开路先锋，就像在很多其他领域一样：1796 年，在商人威廉·图克的建议下，他们建起了约克疗养院，在那里，精神病人得到了仁慈友善的对待。

19 世纪，锁链在一个接一个国家被砸碎，但它们常常只不过是被约束衣所取代。在很久之前，我们就已经学会了这样一个教

◆ 比塞特疯人院遗址

训：暴力不是医治暴力的办法。野蛮的对待依然偶尔发生在落后的机构里，但它们受到了社会的谴责，人们不再认为精神病人仅仅是"疯子"：在他们无害的时候成为逗乐的对象，在他们凶暴的时候成为鄙弃的对象。词汇也改变了，人们避免使用"疯子"（insane）和"疯人院"（asylum）这两个令人厌恶的单词。科学让人们看到：精神疾病不是不正当激情的结果，而是它们的原因。终于，人们普遍认识到：精神病患者是病人，需要理性的医学治疗。当这样的治疗方法失败的时候，应该人道地照料他们。

我们很容易设想：在古代，有大量低能的个体，在他们达到生育年龄之前，就因为缺乏关注而死去。我们早些时候曾提到，在斯巴达，遗弃羸弱和残疾的婴儿是一项常规政策。所有这一切，对消灭那些被认为天生就不健全或装备拙劣，因此没法为生存而搏斗的人都做出了贡献。另外一些人的态度则受到了宗教观点的影响。印度就是这样，灵魂轮回的信念和广大慈悲的佛教假说，导致了对每一个活的生命的维护，无论是人还是动物。在西方，灵魂不朽的基督教信仰，生命的目的是拯救这一观点，仁慈的观念，以及后来的人道主义观念——这些观念全都有着类似的效果。其结果是，今天的每一个民族都承载着个体的沉重负担，他们当中很多人因为遗传、疾病和病态而丧失了劳动能力，他们在现在的社会里绝对不能履行任何职责，有时候甚至仅仅是活着，而没有生命的意识。在过去 10 年里，德国已经着手实施一项庞大的绝育计划，为的是防止劣生婴儿的繁殖。这是一项社会生物学实验，需要倍加小心地注意观察，即使当前的纳粹政权让它从属于一种彻头彻尾反动——而且不科学——的政治种族意识形态。

◆ 佛蒙特精神病院 (1844 年)

第 4 章

在法律面前

1. 疾病不是一个人的私事

寻找疾病与法律之间的关系似乎有些牵强，然而毋庸置疑，这种关系确实存在，而且在漫长的历史过程中以各种不同的方式显示过它们的存在。对法学我知之甚少，这一章会显得很外行。然而，我愿意勾勒出几条粗略的发展线索，哪怕理由仅仅是为了刺激有心人，对一个过去颇受忽视的有趣领域做进一步的研究。

任何形式的社会生活，都会有某种形式的社会控制。在一起生活的个体，作为一个家庭、宗族、部落或民族，都不得不遵守某些行为准则。动物当中也有社会生活，它们也遵循明确的准则，然而其方式纯粹是本能的。只要人依然像动物一样生活在森林里，他的行为准则就跟其他高等动物的行为准则属于同一类型。然而，随着文明的发展，人与人之间的关系，人与环境之间的关系，就变得越来越复杂，需要法律来防止和解决社会冲突。禁令和戒律控制着人的生活。法律被强制执行，违犯法律就会受到惩罚，施加惩罚的是统治这个群体的权威：母亲、父亲、巫师或酋长。从原始人的宗教禁忌到《查士丁尼民法大全》（*Corpus Iuris Civilis of Justinian*），从原始文明到高度发达的文明，这之间是一条漫长的路，但要实现的目标却非常类似。

我们在上一章中看到，疾病严重扰乱了社会生活。一个人因为患病而把自己害得很苦，常常也害苦了别人。不仅失去了劳动力，而且，如果是接触性传染病患者，还成了一种危险，直接威胁到同胞们的健康。因此，一个极力想保护自己的社会，便把它生病的成员作为立法管制的直接目标。

很多原始民族对某些疾病的传染性有着非常清晰的观念，一些禁忌被用在这些传染病的患者身上，类似于应用于死者身上的禁忌。在所有古代宗教仪式中，不洁和肮脏被认为是传染病的条件：无论是谁，只要接触过"不干净"的人，自己也就变得不干净，未经净化仪式不得进入神庙。肮脏是诸如月经、分娩和死亡这样一些生物过程的结果，也是生病的结果。麻风病人是不洁的，但根据《利未记》，患漏症的人也是如此，他的床，他的马鞍，以及"他所坐过的每一件东西"都被认为是不洁净的。必须让他一直待在营地之外的地方。

我们已经看到，在中世纪，《利未记》的规则被大规模地用来跟麻风病做斗争。当黑死病（淋巴腺鼠疫和肺鼠疫）在 14 世纪侵入西方世界并导致可怕毁灭的时候，人们制定了法律来抵挡这场瘟疫；这些古老的法则，至今依然是我们很多现代流行病防治措施的基础。相信或者发现自己已经患病的患者必须向当局报告，可报告疾病的种类不断增加。这样的疾病不再被认为是个人的私事；它们是公共事务，因为整个社群受到了他们的威胁。为了警示市民，此类患者所住的房子如今也像在中世纪一样，被打上了特殊的标志。

对这些患者的治疗，是一项符合社会利益的防护措施。在中世纪，瘟疫患者由市政当局的医生负责治疗；在今天大多数文明国家，传染病患者都是在公立医院里免费接受治疗，而不考虑他们的经济状况。当患者死去的时候，受瘟疫污染的房子要消毒。在中世纪，消毒的方法相当粗糙简陋：患者的衣服和卧具被付之一炬；家具用肥皂彻底清洗，再放到太阳底下暴晒；房间用熏蒸的方法消毒。如今，我们知道了导致这些疾病的细菌，我们有了更加有效的化学和物理方法消灭它们，但基本观念是一样的。

瘟疫是从外部侵入一个社群的。因此，在流行病爆发的时候，城市总是紧闭大门，小心翼翼地把守周围的交通要道。任何人，只有在经过非常仔细地盘问和检查之后，才被允许入城。新收到的邮件被熏蒸消毒，硬币及其他物品被浸入醋中。众所周知的是，瘟疫起源于东方，从那里，它沿着交通要道传播，特别是沿着海上航线传播。因此，最危险地方是港口城市。1377 年 7 月 27 日，拉古萨城议会下令，所有来自疫区的旅行者都被禁止入城，除非他们在梅尔卡纳岛上先待上一个月。威尼斯如法炮制，把国外旅行者隔离在圣拉札罗岛上。期限从 30 天至 40 天不等。因此，检疫隔离（quarantine）这个名字，就是为一项源自中世纪的最重要的流行病预防措施而发明出来的。在 16 世纪，米兰在瑞士的领土上设立了一些代理机构，检查圣哥达公路上的过往旅客。这是一次对外国主权的严重侵犯，但对瘟疫的担心是如此强烈，以至于不得不采取严厉的措施。在 17 世纪，英国要求所有来自土耳其和埃及港口的船只出示健康证书。

19 世纪，在亚洲霍乱侵入西方世界、反复爆发期间，流行病学情报被大规模组织起来。1851 年，巴黎召开了一次国际会议，共有 12 个国家参加，其目的就是要确保国际合作，尤其是在战时检疫隔离方面。会议没能建立一个永久性的组织，但打那以后，类似的会议多次举行。1881 年在华盛顿举行的一次会议上，黄热病是讨论的主要议题。1909 年，国际公共卫生局在巴黎成立，有 54 个国家参

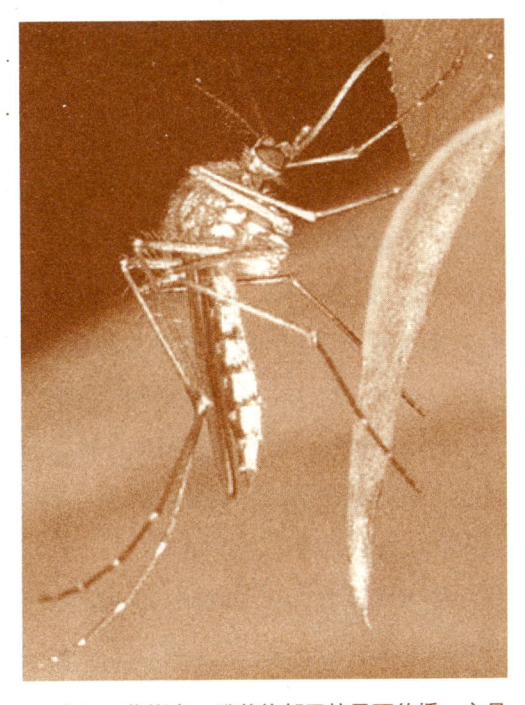

◆ 疟疾、黄热病、登革热都因蚊子而传播，它是全球最厉害的杀手。

加。它的主要职能，就是搜集流行病学情报，自 1921 年之后，国际联盟秘书处的卫生署分担了这一职能。

瘟疫、霍乱、黄热病和流感都是严重的流行病，它们突如其来地袭击大规模的人群，几年之内消灭数以百万的生命。无论它们发生在什么地方，都提出了一个强大的挑战，并且像战争一样，要求动员一个社会所能调集的所有力量。还有一些疾病则不那么惊心动魄：伤寒、痢疾，以及很多源自污秽、污染水、劣质食物及一般不卫生环境的疾病。这些疾病也是一种危险，同样需要政府力量所提供的保护措施。改善人居环境的公共卫生体系，依然是政府的一项

重要职能。

公共卫生部门成了政府行政机构中越来越重要的组成部分。相关的法律和法规被制定出来，由警察和法院来执行。医生被要求具有双重的能力，既是立法者的专业顾问，又是行政管理者。保护人民的健康和消除疾病是如此的艰巨，以至于如果没有政府的力量就不可能完成。公共卫生的领域在不断扩大，随着预防医学和治疗医学之间的屏障被打破，公共卫生便逐渐发展成了国家公费医疗。

公共卫生行政部门一直受两个因素的影响：医学科学的现状和流行的政治哲学。我们对疾病的原因、特性和治疗知道得越多，政府的行动就越有效率。但是，政治哲学决定了政府是否能够应用以及以什么方式应用现有的知识。

在西方世界，从 16 世纪到 19 世纪初，有两种趋势并肩发展。在有专制政府的国家，比如法国、普鲁士、奥地利、俄罗斯，公共卫生部门是集权的、家长式的，而在主流哲学是自由主义的民主国家，比如英国，很多的主动权被交给了地方当局。

在专制政府治下，君主根据内阁的建议制定法律。他跟臣民的关系，就像在家庭里父亲跟儿子的关系一样。在健康事务上，他下令推行他认为对人民有益的事情，并禁止他认为对人民有害的事情。开明的专制君主，像普鲁士的腓特烈二世、奥地利的约瑟夫二世和俄罗斯的凯瑟琳二世，都让当时首屈一指的哲学家、科学家和医生环绕在自己身边。他们倾听专业人士的建议，他们所掌握的权力使他们能够推行影响深远的改革。当然，人民丝毫没有任何担保，可以保证他们的君主是开明的。凯瑟琳二世的皇位，由她那位半疯半傻的儿子保罗二世继承；约瑟夫二世的继任者、他的弟弟利奥波德二世遵循完全相反的路线。

　　这种公共卫生趋势的主要倡导者是约翰·彼得·弗兰克（1745～1821）。他给半打君主当过顾问，是一位视野广阔的医生和卫生学家。在一部六卷本的著作中，他研究了物质环境和社会环境对人的健康所发挥的影响，他还给这部书取了一个典型的名字：《完整的医学警察体系》（*System einer Vollst?ndigen Medicinischen Polizey*）。弗兰克是启蒙哲学的产物，但他把自己的一生都耗在了为专制君主服务上。他充分认识到了社会和经济环境对人民健康的决定性意义，然而，他的态度依然是家长式的：他的理想是建立一套由警察来执行的健康法律的体系。

　　在英国，主权在国王、上院和下院。国会就公共健康事务制定了很多法案。自由主义的态度——这种态度 19 世纪在西方世界各地大行其道——有很大的优势，因为它鼓励个人主动性和公开讨论，保护人民免遭专制权力的侵犯。自由主义极力促进健康，而又不过度干涉个人自由。在这一哲学的基础上，英国的公共卫生运动诞生于 19 世纪中叶。

　　有人说，在公共卫生的事情上，德国的方式是通过警察来强制推行，而英国

◆ 约翰·彼得·弗兰克

的方式则在于通过教育和说服来行动。这个说法有一定的道理，然而却过于简单和粗糙。英国的公共卫生运动就充分利用了政府的力量。大约在 1870 年前后，在英国谴责住房条件不适合人类居住比在德国容易得多。英国的地方社区享有大量的自由，但是，中央政府在必要的时候也会给它们施加压力。因此，在 1870 年前后，每一个至少包含 300 个纳税人且在之前 7 年的时间里平均死亡率超过 23‰ 的社区，一旦有十分之一的纳税人投诉社区的卫生条件，就必须递交一份非常严格的调查报告。并且根据调查的结果，这些社区有义务采取某些措施。另一方面，德国人却可以吹嘘他们有健康教育方面最杰出的先驱，像伯纳德·克里斯托弗·福斯特（1755～1842）这样一些人。福斯特的《健康问答》（*Catechism of Health*）被翻译成了英文，在英国印行了 5 版，在美国印行了 4 版。

自由主义的态度在公共卫生领域有严重的局限性，因为它预设了政治教育水准和社会责任感的前提条件，而这些条件很少有人具备。江湖郎中在英国比在任何其他国家都要兴盛。在德国，只有取得执照的医生才能合法行医。直到 1869 年，新的《营业法》（*Gewerbeordnung*）允许任何人悬壶行医，并收取费用，只要他不自称医生就行，只有取得执照的医生才可以使用这个称号。这个稀奇古怪的、在当时饱受批评的规章，很大程度上要归功于鲁道夫·魏尔啸的自由主义。魏尔啸宣称，个人有选择谁给自己治病的自由，以此证明上述规定是正确的。他还补充道，既然人是理性的，那么他们就能够区分真正的医生和冒牌的郎中。

自由主义的局限，在盎格鲁－撒克逊国家和瑞士几个州对疫苗接种法律规定的抵制中也表现得相当明显。自由主义者认为，人为地迫使一个人生病，这将严重危及他的个人自由，即使程度非常轻微，为期只有几天，而且是为了保护他本人和其他人今后免遭真正的严重疾病的侵袭。然而，接种疫苗的好处是如此明显，所承受的不适是如此轻微，以至于社会先进的民族都会毫不迟疑地接受疫苗接种及其他免疫技术。

　　被曲解的自由主义也是抵制性病强制治疗的主要原因。结果是，这些国家的性病发病率远远高于那些性病免费强制治疗的国家。

◆ 接种疫苗

2. 损失应该得到补偿

　　人们常常把自由跟无政府状态混为一谈。在我们生活其中的这

个高度专业化的工业社会，我们所有人互相依存，必须学会牺牲次要的自由，以维护和捍卫必不可少的自由。就公共卫生而言，教育肯定最重要，因为它不仅教会我们如何生活，而且还教会我们如何制定和遵守保护人民健康的法律。

法律还需要保证人们的健康损失能得到相应的补偿。

在原始人当中，以及在所有古代文明中，一个人对同胞造成伤害是应该受到惩罚的。最原始的赔偿是一报还一报，"以眼还眼，以牙还牙，以手还手，以脚还脚"（《旧约·申命记》第 19 章 21节）。报复满足了对复仇的渴望；它并没有替换损失的器官，也没有在物质上做出补偿，但在《汉谟拉比法典》中，在《摩西律法》中，它是同等社会地位者当中唯一可以接受的处罚。然而，如果受害人的社会地位较低，那就会用金钱做出赔偿。因此，《汉谟拉比法典》规定：

196．倘若一个人毁坏了一个自由人的眼睛，就应该毁坏他自己的眼睛。

197．倘若他打断了一个自由人的骨头，就应该打断他自己的骨头。

198．倘若他毁坏了一个庶民的眼睛，或打断了一个庶民的骨头，他应该赔偿一迈纳银子。

199．倘若他毁坏了一个奴隶的眼睛，或打断了一个奴隶的骨头，他应该赔偿半迈纳银子。

200．倘若他打掉了一个跟自己属于同一等级的人的牙齿，就应该打掉他自己的牙齿。

201．倘若他打掉了一个庶民的牙齿，他应该赔偿三分之一迈纳银子。

在《摩西律法》中，一个人如果伤害了自己的奴隶，他就必须让这名奴隶自由，以此作为补偿（《旧约·出埃及记》第 21 章 26、27 节）：

人若打坏了他奴仆或是婢女的一只眼，就要因他的眼放他去得以自由。

若打掉了他奴仆或是婢女的一个牙，就要因他的牙放他去得以自由。

金钱赔偿在同等社会地位者当中也逐渐成了通则，但赔偿额度则依据不同的社会地位而有所不同。因此，在《赫人法典》（*Hittite Code*）中，打断一个自由民的手或脚要赔偿 20 谢克尔银子。打断一个自由民的鼻子要赔偿 1 迈纳银子，而打断一个奴隶的鼻子则只要赔偿 3 谢克尔银子。

至于谋杀或过失杀人，最初的惩罚是处死，但即使是在这种情况下，赔偿也在很早的时候就被人们接受，当然，一名奴隶可以被另一名奴隶所取代。根据《赫人法典》，一个人如果无意中杀死了一名奴隶，他就必须拿另一名奴隶作为赔偿，但如果是故意谋杀，他就应该赔偿两名奴隶。故意谋杀一个自由民的惩罚是赔偿 4 名奴隶，过失杀人则赔偿 2 名奴隶。根据上面提到的这部法典，金钱赔偿已经在某些地区成为惯例。在很多中世纪的法典中，我们发现，它们规定的补偿措施都是偿命金，而不是以牙还牙式的报复。

在某些原始部落中，一个人如果杀死了另一个部落的成员，他不会被处死，而是让他加入被害人所在的部落。就是说，凶手本人取代了被害人的位置。

古代的很多法典都包含了赔偿价目表。我们在古罗马的《十二铜表法》中发现了它们，也在《萨利克法典》（*Lex Salica*）和盎格鲁-撒克逊人的法律中看到过它们。这些价目表十分有趣，因为它们显示了不同的身体部位所具有的相对价值。在《汉谟拉比法典》中，打断鼻子或毁坏眼睛的价码是 1 迈纳银子，打掉牙齿是三分之一迈纳银子。在《赫人法典》中，割掉耳朵的赔偿金是 12 谢克尔银子，打断手脚的赔偿金是 20 谢克尔银子，但割掉鼻子的赔偿金却只有区区 1 迈纳（合 60 谢克尔）银子。在后来的案例中，罚金大概比这要高很多，因为这种伤害严重损毁了受害人的外貌。

盎格鲁-撒克逊人的法律有非常详尽的价目表。我想引用"艾塞尔伯特国王的法令"为例，我依据金额大小对这份价目表中的伤害赔偿进行了如下排列：

◆ 古代罗马共和时代制定的最早的成文法典，是后世罗马法以及欧洲法学的渊源。

1 先令：擦伤，指甲脱落，打落后槽牙。

2 先令：打断肋骨，骨头露出，打落第一颗白齿，拇指甲脱落，最轻微的毁容，刺穿耳朵。

4 先令：骨头伤害，砍掉中指，打掉上尖牙。

6 先令：打断手臂，打断锁骨，砍掉无名指。

8 先令：砍掉食指。

9 先令：刺穿鼻子。

10 先令：切断拇趾。

11 先令：切断小指。

12 先令：打断大腿，刺伤肚子，割掉耳朵，舌头受伤，嘴或眼受伤。

20 先令：打断下颌骨，砍断拇指，刺穿肚子。

25 先令：砍掉一个耳朵，另一个耳朵失聪。

30 先令：打断肩膀。

50 先令：砍断脚，挖眼睛。

受到伤害的人可以为自己受到的伤害起诉加害人，并为这一民事侵权行为而获得赔偿，这个原则被世界各国普遍接受。它的基础在罗马法中，也在普通法中。19 世纪，随着工业的发展，问题变得越来越严重。正如我们在上一章中曾经讨论过的那样，新的工业生产方式使得工作远比过去更危险。工伤事故和职业病都有了相当大的增长，问题是：受到伤害的工人是否可以以及在什么样的条件下可以向他的雇主要求赔偿。

雇主责任和工伤赔偿的立法史是一段非常有趣的历史，它反映了当时的政治史和社会史。起初，立法全都有利于雇主，工人几乎没有任何机会为他受到的损害获得赔偿。当劳工组织起来并成为一支重要政治力量的时候，情况发生了改变。在组织化劳工的压力之下，立法逐渐被自由化了，以保护工人的利益，促进他们的福利，尽管这一趋势远未完成。

根据普通法，一个工人只有当他能够在法庭上证明伤害是由于雇主的疏忽或过错造成的，他才可以获得损害赔偿。很明显，如果得不到劳工组织的保护，一个工人要想查明这样的证据极其困难。即使他成功地获得了损害赔偿，大多数钱也已被高额律师费所吞噬。而所谓的"工作伙伴过失原则"（fellow servant doctrine）使情况变得更加糟糕。这一原则 1837 年最早在英国被提出，后来被美国所仿效。根据这一原则，所有受雇于同一位雇主的个人都被视为"工作伙伴"，由于他们当中任何一个人的疏忽或过失所导致的损害，雇主概不负责。雇主如果能够证明，受害工人在从事作业的时候存在部分疏忽，他就可以得到进一步的免责。此外，对法律的解释使得从事危险职业的工人在跟雇主订立工资合同的时候不得不承担通常涉及的所有风险。有一条最恶毒的规则，在英国生效一直到 1846 年，在美国甚至更晚。根据这条规则，一个工人如果遭遇了最糟糕的事故，即致命事故，靠他养活的人无权向雇主提出任何要求。给出的解释是：当受害人死亡的时候，案子也就终结了。

在那些以罗马法为基础的民法典国家，情况稍好一些。法国就是这样，它的《民法典》（*Code Civil*）不遵循"工作伙伴过失原则"。雇主对由于自己或代理人的疏忽所造成的损害负有责任，并必须为致命事故支付赔偿。然而，在这些国家，工人由于平常风险或自己的疏忽而导致受害，也无权要求赔偿。在 19 世纪中叶，当工业及工业危险迅速增长的时候，工人的保护措施当中，针对工伤事故的很少，而针对职业病的则根本没有。

　　铁路的发展创造了一个新的情况：铁路交通事故十分频繁。早在 1838 年，当柏林与波茨坦之间的第一条铁路线开通的时候，普鲁士当局就规定铁路公司必须对事故负责。受到损害的人（无论是雇员还是乘客）都必须得到赔偿，除非铁路公司能够证明：损害是由于伤亡者自己的疏忽或"不可抗力"造成的。以后，其他国家纷纷效尤。德国统一之后，1871 年制定了一项法律，把同样的责任扩大到了其他工业企业。这迫使雇主通过掏钱买保险的办法来寻求保护。

　　英国 1880 年的《雇主责任法》是朝向废除"工作伙伴过失原则"迈出的第一步。它在美国有着强烈的反响，因为在那里，铁路一直是不断变化的环境中的重要因素。

　　所有老的责任法

◆ 铁路是伤亡事故的重灾区

都有一个严重缺点：它们都不保护工人由于平常的风险或自己的疏忽所造成的损害，而且，只有当他们向法庭提起诉讼的时候才有可能获得损害赔偿，而诉讼程序的费用通常超出了他们的经济能力。在来自劳工的压力下，人们逐渐认识到：所有行业，不管雇主和雇员多么小心翼翼，都存在健康危害。工人的疏忽常常只不过是疲劳的结果，让大量的伤残工人靠慈善团体养活并不符合社会的利益。人们逐渐明确了这样一个观点：对赔偿，且不管是谁的过错或疏忽，都应该被看作是生产成本的组成部分。一旦这种观点变得盛行，一种新型立法的时机也就成熟了。

有了俾斯麦的社会立法，德国可以说在这一领域做了一项开拓性的工作。1883 年的《疾病保险法》确保受伤和生病的雇佣劳动者可以得到医学治疗，以及为丧失劳动力的 13 个礼拜所支付的现金补助。1884 年的《工伤意外保险法》建立了强制保险体系，雇员可以从它的经费当中为所有由于职业危害所导致的损害获得赔偿。起初，它仅仅适用于工业和采矿业，但后来逐渐扩大到了建筑业、运输业和农业。强制保险最初只有工人才可享受，后来逐步扩大到了办公室雇员。自 1925 年之后，这套体系不仅赔偿工伤事故，而且还赔偿职业病。保险费仅由雇主支付，因此，这笔费用实际上成了生产成本的组成部分。它的好处包括：对临时或永久伤残给予的治疗、康复和现金补助，以及给未亡人的抚恤金。

德国的工伤意外保险是一个新起点，它所树立的榜样很快就被多数欧洲国家所效仿。英国 1897 年的《工伤赔偿法》遵循了一项略有不同的原则：它仅仅是扩大了雇主的责任，强迫他对工伤做出赔偿，但工伤保险却悉听尊便。它没有规定由于"工人的粗心大意"所造成的损害如何赔偿。这样一来，法律诉讼在很多情况下就不可避免。当英国在 1906 年修订《工伤赔偿法》的时候，31 种职业病被包括在内。

美国在制定赔偿法上动手很晚，而且仿效的是英国模式。到 1911 年，共有 9 个州通过了这样的法案；另外一些州则迅速跟进，但依然有一些州没有规定对职业病的赔偿，如今依然生效的很多法律都有严重的缺点。

很多人并没有认识到工业作业有多么危险，它每年所导致的生命损失有多么惨重。据美国劳工部 1939 年的一份官方报告称，那一年有 1.8 万名工人死于工伤事故，10.6 万人受到了永久性致残的伤害，140.7 万人暂时丧失劳动能力。仅采矿业就导致了 1800 人死亡。农业是受保护最少的行业，共有 4300 人死亡，1.3 万人永久性残疾。这些数字表明，为了防止劳动受害者陷入彻底贫困，立法是多么必要。

◆ 中世纪医学书上的人体图示

3. 医生的权力

法律还需要保护

社会免受医生的损害。这看来是个悖论：社会不得不保护每一个本当帮助社会的人免遭损害。然而千万别忘了，法律对医生的定义（一个由政府发给执照、许可其行医的人）相对较晚，顶多只能追溯到中世纪。在那个时期之前，任何人都可以自称为医生，然后治病救人，并为他提供的服务收取费用。社会一直都清楚地知道，医生的职业给了他大量的权力，可以任意支配病人。他知道，什么样的药物可以用来治病，但也可以当作毒药使用；他还知道患者的秘密，这增强了他对患者的控制力。社会因为需要医生从而容忍了医生和他的权力，但它自始至终都在努力保护自己，免遭滥用这一权力所带来的危害。

原始社会的医生——巫师——经常受到怀疑。能够驱魔的人，应该也能施加魔法，这一推测似乎合情合理。当人们找不到其他罪

◆《黑人巫师》，1877 年，让 – 弗朗索瓦·拉法埃利 (1850–1924)，法国浪漫主义绘画。

魁祸首的时候，怀疑常常就会对准巫师，如果他不选择逃之乎也的话，就不得不听命于神明的裁判，或其他占卜手段。

对社会来说，最危险的是一个手艺很差的外科医生。他所能造成的损害，对所有人来说都是直接的和明显的。因此，我们所遇到的最早的法律规章都是针对外科医生的。《汉谟拉比法典》规定，外科医生必须对自己的行为负法律责任；手术成功他会得到报酬，但手术失败他也要受到惩罚。如果一名奴隶死在了他的手术刀下，他必须赔偿一名奴隶；如果手术的结果是毁掉了一个奴隶的眼睛，他就要赔偿价值半个奴隶的银子。然而，如果一个自由民死在了他的手术刀下，这位外科医生的右手就要被砍掉。这一惩罚，一劳永逸地使他再也不能从事这一职业。这项法律是如此严厉，以至于我很怀疑它是否真的被应用过。有这样可怕的威胁高悬于他的头顶——或者更准确地说是他的右手——之上，恐怕没有哪个外科医生愿意给患者做手术。

在古代波斯，我们发现了对外科

◆《汉谟拉比法典》是古巴比伦国王汉谟拉比颁布的一部法律，被认为是世界上最早的一部比较系统的法典。

医生考核和颁发执照的规定。任何外科医生，必须先在异教徒身上、在邪神崇拜者的身上做过三例成功的手术，然后才被允许给波斯人治病。如果三例测试手术失败了，就宣布他"永远不适合从事医术"。如果他不顾这一禁令继续执业行医，并且有人死在他的手术刀下，他就会因为"故意谋杀"而受到惩罚。

无论是希腊人还是罗马人，都没有任何形式的法律许可。没有人来保护公众免遭江湖庸医之害，罗马就有大量这样的郎中。走向许可制度的第一步，是在公元 2 世纪迈出去的。当时，在罗马帝国，医生所享有的相当大的特权，被限制在少数医生的身上，其数量依据社区的规模而有所不同。医生必须申请特权并提交资格证书；因此公众得以知道，获得特别授权的医生（后来被称作 valde docti 或 archiatri）才是真正的医生，他们的知识和技能完全符合当局的标准。

我们现代的行医许可制度，明确给出了医生的法律定义，它其实是中世纪的产物，可以追溯到诺曼王朝的罗杰国王。1140 年，他颁布了一道命令，声称：

> 自今日始，凡愿行医之人，都必须亲自面见我们的行政官和主考官，以通过他们的评判。倘有胆敢蔑视此令者，必将受到监禁的惩罚，并没收其全部财产。以此，我们才能确保我们的臣民不至于因医生的缺乏经验而被危及。
>
> 非经萨勒诺医师大会批准，任何人不得执业行医。

霍亨斯陶芬王朝的腓特烈二世皇帝修订和扩充了诺曼王朝的

老法典，他在 1231～1240 年间颁布的"皇帝法令"中详细规定了
医学执业的规则。他规定了一套 8 年教学的必修课程：3 年修习逻
辑学，4 年修习医学，再以 1 年的实习作为补充。由最有能力的医
生——萨勒诺医师——在政府代表的面前，对行医资格申请人进行
考核。申请人成功地通过考核之后，由皇帝或他的代表颁发行医执
照。因此，政府为医学执业承担责任，并保护人民免于面临因医生
的无知和无能所导致的危险。一种让西方世界纷纷效尤的模式就这
样建立起来了，与我们今天的模式多少有些接近。

　　在很多其他方面，也有法律保护社会免受医生权力滥用之害。
寻医问诊的患者缔结了一份契约，使他有权为疏忽所导致的损害而
起诉医生。这就是为什么
医生参加医疗事故保险的
原因。另一方面，作为契
约的当事方，医生也可以
为缴费而起诉患者。法律
保护患者的隐私，这一规
则可以追溯到"希波克拉
底誓言"。在许多病例中，
如果没有患者对医生的充
分信任并允许他探查自己
内心的秘密，医学帮助是
不可能的。然而，很多国
家的立法都有一种强烈的
倾向：倘若关系到整个社

◆ 霍亨斯陶芬王朝的腓特烈二世皇帝

会的利益，则允许甚至强迫医生透露患者的隐私。

4. 堕胎是严肃的问题

法律也保护正在形成的生命，禁止堕胎，除非妊娠直接威胁到母亲的生命。这是基督教的遗产。在古代，堕胎的事情经常发生，尽管有"希波克拉底誓言"中所反映出来的那种态度。很多哲学家——比如柏拉图——甚至建议把堕胎作为控制人口的一种手段。基督教禁止堕胎（即便存在关于堕胎的医学指导），并要求医生宁愿牺牲已经受洗的母亲，也不要放弃尚未受洗的婴儿。天主教会至今依然抱持这种观点，幸亏世俗的法律采取了不同的态度。

堕胎问题是一个严肃的问题。在前希特勒时代的德国，据估计，全国每年死于流产感染的女人比死于肺结核的人还要多。无论

◆ 在西方，堕胎一直是个极富争议性的问题

哪里，只要避孕药不容易得到，只要非婚生育依然是种耻辱，秘密堕胎就会始终存在，这个地方的情况就会很惨。这就是苏联的合法化堕胎的实验为什么受到强烈关注的原因。事实上，它并不是一项实验，而是一项紧急措施。1920 年，俄国的情况变得非常糟糕。内战和外部干涉依然存在；饥荒正在这个国家的很多地区肆虐；女人积极活跃在劳动和战争的前线；住房条件恶劣，工资很低，避孕药物无法得到。在这样的环境下，堕胎自然会频繁发生，并极大地损害妇女的健康。因此，由有能力的医生在医院里实施无法避免的堕胎就似乎更加可取。

16 年之后的 1936 年，情况彻底改变了。生活和工作条件有了很大的改善：粮食短缺彻底克服了，工资也高了很多。每秒钟都有孩子在妇产医院里出生，有大量的托儿所可用，足以照看 150 万儿童。生育控制技术有了很大的发展，妇女能够很容易在妇女咨询局获得信息。因此，对堕胎不再有任何需要，堕胎从来都不是完全无害的，尤其是如果屡次堕胎的话。相关的法律被废除了，与此同时，政府拨出了大笔的经费，用于建设更多的妇产医院和托儿所，用于对大家庭的财政资助。

我们从苏联的实验中所学到的东西是：在任何一个社会，堕胎都不是必要的——除非有必须堕胎的某种医学征兆——而且可以把它作为对健康的损害而安全地予以禁止，这需要这个社会具备下列条件：(1)确保所有社会成员（无论男女）都有工作；(2)给大家庭以足够的财政资助；(3)提供免费照料母婴的医学机构和社会机构；(4)为所有有需求的人提供避孕建议；(5)不给非婚生育打上耻辱的标志。当一个社会不能实现这些条件的时候，它就不得不面对大量的秘密堕胎和很多的人员伤亡。在这样的情况下，堕胎合法化可能是两害相权取其轻的做法了。

◆ 首倡优生学的高尔顿

另一个依然颇多争议的医学法律问题是：为了优生的原因而绝育。医学服务和社会服务的发展，导致了对成千上万劣生个体的保护，在过去的千百年里，他们通常都会死于激烈的生存竞争。与此同时，数百万身体最棒的年轻人却在战争中被周期性地消灭。这意味着逆淘汰，最后必定会导致种族的退化。

优生学是达尔文理论的一个直接后果。阻止不适者拥有后代的观念，早在1886年就得到了实际应用。那一年，瑞士精神病医生奥古斯特·福雷尔给一个患有神经官能症的女人做了绝育手术。然而，阉割是一件很严重的事情，因为这一手术打乱了内分泌平衡。1897年和1898年，海德堡的克勒尔和芝加哥的奥什纳先后开创了新的绝育方法：切断、扎牢或闭塞女人的输卵管或男人的输精管。这代表一次巨大的进步，因为这些都是相对较小的手术，不会产生有害的术后影响。

一旦绝育手术开始作为一种防止遗传性疾病的措施而由医生

来执行，问题马上就出现了。很显然，绝育手术有可能被滥用。要想保护社会，法律规章是必不可少的。天主教会始终非常强烈地反对所有形式的绝育。这一态度，在 1930 年的教皇通谕《圣洁婚姻》（*Casti connubii*）中得到了最强有力的认可。因此，制定相关法律的主要是新教国家，在欧洲，最早立法的是 1930 年瑞士的沃州。《公共卫生法》的一项修正案宣布：患有不可治愈的精神疾病或弱智的人可以施行绝育手术。手术必须获得公共卫生委员会的批准，而该委员会应在咨询两位医生的专家建议之后，再做出裁定。

在美国，印第安纳州早在 1907 年就制定了一部绝育法。这部法律在 1921 年被宣布违宪，先后于 1927 年和 1931 年通过了新的法律。其他州的情况大致类似，问题在 1926 年被提交到最高法院的面前。首席大法官奥利弗·温德尔·霍姆斯的观点非常重要，他说：

◆ 在美国，反对节育的声音一直非常强大

对整个世界来说，更加有益的不是等到退化的子孙因为犯罪而处死他，而是社会能够阻止那些明显不适合延续人类种族的人生儿育女。支撑强制接种疫苗的原则足够宽泛，完全可以涵盖切除输卵管。

在这个裁决的基础上，弗吉尼亚州的绝育法被宣布是合宪的。今天，共有 28 个州有这样的法律。

在 1933 年以前，很多国家都有合法的权力阻止明显不适合的个体生儿育女，但绝育手术只在很小规模上得以应用。在美国，到 1937 年 1 月 1 日，总共只有 25403 个人做了绝育手术，其中大部分在加利福尼亚州。当纳粹在德国掌权的时候，情况发生了变化。绝育法先后在 1907 年和 1925 年被提交到德国议会，纳粹政府最终在 1933 年制定的法律是建立在 30 年精神病学和遗传学研究的基础上。准备工作早在希特勒掌权之前就已经完成，所以，不管怎么说，这部法律多半迟早要通过。然而，纳粹党人使之适用于他们的种族主义意识形态。他们直言不讳地承认，这一意识形态本身就是他们的健康与人口计划的基础。斯堪的纳维亚半岛国家也制定了类似的法律，但是，在它们缓慢而谨慎地运用这部法律的同时，德国却一头冲在了前面，并且规模大得吓人。这一法律被运用于患有遗传性弱智、精神分裂症、狂躁型抑郁症、癫痫、慢性舞蹈病、遗传性聋盲以及几种遗传性身体畸形的个人。决定权掌握在所谓的"遗传健康法庭"之手。在纳粹政权的初年，超过 25 万人被实施绝育手术。据估计（这一估计大概更多的是基于政治的理由，而非基于无可辩驳的科学证据），受这部法律影响的人数将超过 60 万。

要想得到令人信服的结果，目前为时尚早，但我认为，仅仅把优生绝育跟纳粹意识形态扯到一起，并因为我们不喜欢当前的纳粹政权及其做事的方法而干脆

◆ 1932 年纳粹政府封闭了包豪斯学院。瓦西里·康定斯基，现代抽象绘画的创始人。

拒绝考虑这个问题，是一个很大的错误。毕竟，开拓性的步伐是由美国和瑞士迈出去的，而且，斯堪的纳维亚各国的法律也像德国的一样严厉。这个问题是严肃而重大的，我们迟早不得不予以关注。

另一个医学法律问题——对这个问题的讨论周期性地发生——是安乐死的问题，即：是否允许医生缩短患者的临终痛苦。这是一个非常微妙的问题，很难用法律术语来定义，而且我认为，像这样的问题，最好是交给医生的个人良心去决定。很有可能，一些有良心的医生实际上执行过的安乐死，比我们所知道的多得多。

5. 很多罪犯是有病者

疾病与法律之间的关系还有最后一个问题，我很愿意在这里简略地讨论一下。当一个人偷窃了别人的财产或者杀死了另一个人的时候，他会遭到逮捕、审判和监禁，或者有可能还会被处死。社会总是极力保护自己免遭那些破坏公认规则的自私个体的侵害，直

到最近，判决还必须是一种惩罚。社会在实施报复，在让罪犯为自己所犯下的罪行承受报复。人们逐渐发现，在很多情况下，社会要对个人的自私行为负责，因为社会剥夺了他们接受教育的机会，剥夺了他们发展和应用其天资的机会。不利的社会和经济条件——这些是个人所无法控制的——扭曲了他的价值观，导致他与法律相抵触。一位进步法官所做的判决，会着眼于让自私的个体接受再教育和改造，使之成为社会中有用的一员，但在保守派法官的头脑里——可叹的是，这样的法官占绝大多数——报复和惩罚的原始观念依然非常活跃。

　　如今，医学已经发现，很多人在偷窃、杀人或犯下其他罪行的时候并不知道自己在干什么。由于疾病，他们的头脑被扰乱了，在他们犯罪的那一瞬间，他们没有能力区分对错。想必大家很早就注意到了，一个人在发烧的过程中会变得精神错乱，在谵妄中变得有暴力倾向，而在退烧之后，他对自己的行为完全不记得。一些喝醉了酒、吸食大麻或其他毒品的人，我们在他们身上也会观察到同样的现象：刺客（assassin）这个英文单词，就源自阿拉伯语的hashshash，意思是吸食大麻者。

　　于是提出了一个法律问题：这样的个体是否应该为他们的行为负责，是否应该为他们并不知晓的行为受到惩罚。法律一直是为正常人制定的，为能够区分对错的心智健全的人制定的。人们很早就做出裁定：心智不健全的人在社会之外，因此也在法律之外。从法律的观点看，人类被分为两个群体：心智健全的和心智不健全的。前者应该为自己的行为负责；后者则不用负责。心智不健全的罪犯不会受到惩罚，但由于他们对社会是一种威胁，所以，他们从前被关在监狱里，后来则被限制在精神病院里。因此，法庭在采取进一步的行动之前，必须首先确定：一个人的心智是健全还是不健全。

　　这个问题不仅在刑法中很重要，在民法中也很重要。一个人如果不能完全控制自己的精神能力，那么他所写的遗嘱显然不能被认为是有效的。精神错乱是离婚、罢黜君主、把一个人置于监护之下的一个理由。中世纪就已经有法庭请医生来决定一个人的心智是健全还是不健全，法官的裁决取决于医生的专家证词。

　　到目前为止一直还不错，但麻烦在于：所有时代，医学科学至少领先于法律半个世纪。这很正常，因为法律从来都不冲在前面领头，而是跟在后面亦步亦趋。一项医学发现，首先必须被医学

◆ 精神病罪犯虽能逃过法律惩罚，却要在疯人院里度过余生。

◆ **精神病学家和犯罪学家隆布罗索**

行业所接受；然后，它必须赢得社会的普遍接受；最后，它才有可能被体现在国家的法律中。法律改革因此是一个非常缓慢的过程。如今，心理学和精神病学在 19 世纪和 20 世纪取得了很大的发展。在法国大革命时期开创了精神病学新纪元的皮内尔，对精神病学的法律研究很感兴趣。1817 年，他出版了一部专著，题为《作为精神错乱病例中法律关系之基础的观察结果》(*Résultats d'observations pour servir de base aux rapports juridiques dans les cas d'aliénation mentale*)。他的弟子埃斯基罗尔甚至走得更远，成了一位值得信赖的精神病罪犯的辩护者。在发展他的偏执狂理论的过程中，他让我们看到：个体如何由于不可抗拒的刺激而犯下偷窃、杀人、纵火和性侵犯的罪行。1835 年，英国人 J．C．普里查德提出了"道德精神错乱"(moral insanity，亦译"悖德症")的概念；1876 年，意大利人切萨雷·隆布罗索出版了他那本鼎鼎大名的《犯罪人论》(*L'uomo delinquente*)。书中描述了这样一个事实：很多罪犯都是精神上有病的人。弗洛伊德和精神分析学最终揭示了很多心理学机制，让人们进一步看清了个人的社会行为。

自皮内尔时期之后，法律越来越被医生们搞得稀里糊涂，并因此对他们怒不可遏，经常指责医生试图阻止罪犯公正地受到应得的惩罚。正如我们已经看到的那样，为了实际的目的，法律只承认两种类型的人：心智健全者和心智不健全者，并要求医生简单地判定一个人究竟是属于前者，还是属于后者。然而，医生们深知，这两种状况之间并没有明显的界线，事情发展得如此之远，以至于今天的"心智不健全者"成了一个法律概念，在医学上没有跟它完全同等的概念。被要求出庭作证的精神病医生——如果是个专家的话——只是依照当前的精神病学给出他的证词，而法庭却按照两代人之前的概念来思考和行动。结果，明显有病的人被判处死刑被处决，却对自己身上发生的事情一无所知。另一方面，有些精神病患者，按照精神病医生的意见，他们对社会是一个严重的威胁，却常常因为他们的状况不符合心智不健全者的法律定义，而没有被限制在医院里。他们被允许自由行动，直至他们确实犯下一宗罪行。

今天的情况依然不能令人满意，多半还会长期如此。然而，有一件事情是肯定的，即：被要求出庭作证的专家应该是真正的专家，不仅是医生，而且还应该是在法律事务上有经验阅历的、受过专门训练的精神病学家。此外，他们还应该是中立的，为了确保这一点，他们应该由法院指定，而不是由一方当事人指定。

第 5 章

肆虐历史之魅

我们所做的任何事情，在我们做的那一刻就成了历史。然而，在本章中，我们将在更狭隘的意义上使用历史这个术语，研究疾病对某些历史事件的影响。

疾病降临在个人的身上，由于个人是历史这出大戏的演员，所以，一个权势人物的疾病很有可能影响他的行为，从而带来它的历史后果。同一种疾病还有可能同时袭击大量的人，一场流行病侵袭某个国家时就发生了这样

◆ 欧洲黑死病纪念碑

的事情。这种影响整个群体生活的集体疾病，其后果更加明显。因此，我们应该从讨论某些流行病的历史后果开始。

1. 鼠疫的威力

毋庸置疑，说到扰乱西方人生活的传染病，其程度比鼠疫更深的聊聊无几。鼠疫是由一种杆菌导致的老鼠及其他啮齿动物的疾病，这种杆菌是北里柴三郎和叶赫森在 1894 年发现的。鼠疫杆菌可以通过像跳蚤这样的昆虫传给人，一旦传给了人类，它就会沿着交通要道在人与人之间通过接触传播。历史记述常常报告，在某次重大自然灾害——干旱、洪水或饥荒——之后，鼠疫突然爆发。这样的报告并非希望夸大事件，而是有着坚实的理性基础。当谷仓空空如也、地窖水漫金山的时候，老鼠就会跑到离人更近的地方。如果这些啮齿动物中恰巧发生了传染病的话，人类感染的机会就很大了。

鼠疫的发病有两种形式：淋巴腺鼠疫和肺鼠疫。在前一种病例中，淋巴腺——特别是腹股沟、腋窝和咽喉的淋巴腺——肿大，表现出通常被称作"鼠疫溃疡"的症状。脓肿不断发展，流出来的脓有很高的毒性。患者要么康复，要么死于败血病。在肺鼠疫的病例中，杆菌侵入呼吸器官，肺炎不断发展，经常在几天之内致人于死地。死者脸色发黑，因此被称作"黑死病"。类型常常取决于季节：淋巴腺鼠疫在夏天更常见，肺鼠疫则往往出现在冬天。

引人注目的是，我们称之为"中世纪"的那段历史时期，刚好开始和结束于欧洲所经历的仅有的两次鼠疫大流行。中世纪的开端，通常被认为始于公元 4 世纪的民族大迁徙。蛮族部落入侵罗马帝国无疑是一件影响深远的事件。他们毁掉了很多东西，但他们也保护了很多东西。罗马文明依然强大，足以征服侵略者。公元6世纪初，东哥特人统治着意大利，但狄奥多里克大帝的政府本质上是罗马式的。他的宫廷里的官职都是由罗马人把持的罗马式官职。依然有罗马式的元老院，依然有罗马式的执政官。罗马文明是狄奥多里克的理想。罗马最后一位伟大的学者卡西奥多拉斯就生活在他的宫廷里，罗马最后一位哲学家和科学家波伊提乌死在了那里。

◆ 查士丁尼一世

接下来，鼠疫侵入意大利。它来自东方，公元532年在君士坦丁堡爆发，当时在位的是查士丁尼一世，因此，它通常被称作"查士丁尼鼠疫"。它不断向西传播，到达意大利，很快就席卷了欧洲各地。很多地方几次遭到袭击，看来，这场流行病似乎伴随着一次天花的猛烈爆发。据同时代的编年史说，破坏性非常大。当然，没有统计数据，但很有可能，在短短几十年里，欧洲人口的很大一部分被鼠疫消灭了。

鼠疫过后，意大利呈现出一幅完全不同的图景：东哥特人的帝国覆灭了，伦巴第人掌权。他们的政府是日耳曼式的，他们的法律也是如此。"教皇政府"已经形成，并正在成为一支政治力量。大贵格利在公元590年被加冕为教皇，本笃会的修道院散布整个西方世界。

东方也发生了类似的变化。查士丁尼自封为罗马皇帝，其政策

◆ 圣索菲亚大教堂（君士坦丁堡）

的目标，就是要恢复罗马帝国从前的所有辉煌。他自认为是统治罗马领土的所有蛮族国王的群龙之首。他希望把军事荣耀跟立法行为结合起来，他让人编纂了《罗马法汇编》（*Digest of Roman Law*）。像过去的罗马皇帝一样，他也用像圣索菲亚大教堂之类规模宏大的建筑装饰他的都城。在鼠疫之后，东罗马帝国崩溃了；查士丁尼的继任者们不再是罗马人，而是拜占庭人，希腊文取代拉丁文成了政府的官方语言。

如果我们朝更远的东方打量，就会发现，巨大的变化也即将在那里发生。公元 571 年，穆罕默德在麦加诞生。

因此，公元 6 世纪标志着地中海世界的一个历史转折点，查士丁尼大瘟疫显然就是两个时期之间的一条分界线。老的文明正在走向终结：依然活在它所有的外表特征中，但已经失去它的创造

力——为什么会是这样，我们不知道，只能猜测。鼠疫在它的多次
起伏中让数以百万人丧生，导致了无边的苦难。政府这台机器，原
本就摇摇晃晃，如今在破坏性的攻击下彻底土崩瓦解。雄心勃勃的
政治计划付之东流。旧的世界崩塌了，在它的废墟之上，新的文明
开始缓慢地崛起。

◆ 查士丁尼瘟疫

　　在此后几个世纪里，中世纪的世界再也没有经历进一步的瘟疫
大流行。这的确令人吃惊，因为近东地区瘟疫频仍，而东西之间的
交通非常活跃，尤其是在十字军东征的时期。有一些零星病例，几
次局部的流行病，但从未有过大规模的传播，尽管中世纪的城镇
有大量的老鼠，而且卫生条件一点儿也不好。然后，在 14 世纪的
1384 年，鼠疫再一次发动了震惊世界的攻击。这一次，它被称作

"黑死病"。

自 1315 年至 1317 年，欧洲经历了最具毁灭性的饥荒之灾。当时有 2 万居民的伊普勒城，1316 年夏天共掩埋了 2794 具尸体。当鼠疫入侵大陆的时候，欧洲已经很难恢复。它再一次来自亚洲，一路向西，先后发起了三次大规模的推进：直抵黑海，直抵小亚细亚和希腊，直抵埃及和北非。它袭击了南欧，沿着西海岸一路向北，再掉头向东，包围了中欧，然后从四面八方攻入中欧。当一座城市被攻陷的时候，瘟疫通常会在城里待上 4 至 6 个月，消灭大量的人口，使整个城市的生活陷入一片混乱。

人们对死亡人数的估计从 2500 万至 4000 万不等。很有可能，欧洲损失了其全部人口的四分之一到三分之一。佛罗伦萨损失了 6 万居民，斯特拉斯堡是 16000，帕多瓦是三分之二，威尼斯是四分之三。20 万个村庄和农场被扫荡一空。

这样一场损失惨重的灾难，其影响显然是深远的。在心理上，人们的反应是：要么沉湎于淫乱和放荡，要么更多的是忏悔赎罪，求助于禁欲主义。自我鞭笞者教派得以复兴，尤其是在德国，一时间成为时尚，直至教皇克雷孟六世下令制止。犹太人受到迫害，特别是在德国南方，那里犹太人的房子被大批大批地付之一炬。每当大灾大难出现的时候，人们总想寻找一位替罪羊。贵族和市政当局欠下犹太人的沉重债务，瘟疫使他们有机会摆脱掉这些他们所鄙视的债主。

当瘟疫爆发的时候，战争也在席卷整个欧洲，但疾病非常有效地打断了战争，至少是暂时中断了。法国和英国正在打仗，这场战争到最后持续了将近一个世纪，使两个国家都彻底被耗空了。装备了新式火器的英国人在克雷西打败了法国人，并在长达 11 个月的围攻之后占领了加来城。鼠疫逼得他们不得不撤军，迫使他们签署了停战协议。法国的苏格兰盟友打算入侵英格兰北部，他们不仅被英国军队击溃，而且还有大批的士兵被鼠疫给消灭了。鼠疫救了那不勒斯王国，它迫使匈牙利占领军仓促撤退。在西班牙，在德国，在波兰和俄罗斯，在拜占庭帝国，到处都有军事行动被这场瘟疫中断，或者彻底终止。

最深远的印象，多半是在欧洲大陆的经济生活中感受到的。作为大量人员伤亡的结果，劳动力的严重缺乏进一步加深，结果是物价长期居高不下。正是因为这个原因，英国在 1350 年通过了《劳工法案》，次年，法国也就这个问题颁布了一部国王法令。二者的目的都是打算通过调整工资来降低物价。市民骚乱在很多国家相继发生，法国和英国出现了农民叛乱，而在佛兰德斯，手工业行会纷纷起来反对各城市的贵族政权。

中世纪的经济一直在稳步扩张，直到 14 世纪，它变得静止不动了，并开始显示出崩溃的迹象。正如皮雷纳非常公正地指出的那样，降临在这个世纪的大灾难——饥荒、瘟疫、战争和社会动乱——是这一发展趋势的主要原因。因此，黑死病，这个世纪最大的灾难，在为新经济秩序的崛起清理道路的过程中扮演了一个重要的角色，而这一新经济秩序，将成为欧洲历史中一个新时期的基础。

当鼠疫席卷欧洲的时候，彼特拉克正在阿维尼翁，那是一座饱受流行病之苦的城市。彼特拉克满腹悲伤地哀叹道："可曾有人见过这样的事情，听过类似的传闻？你在什么样的编年史中读到过这样的记录：房屋十室九空，城镇一片废墟，农场遍地蒿荒，田地野草丛生，到处都是令人恐怖的荒凉景象。"

黑死病大流行的时候薄伽丘正在佛罗伦萨，在《十日谈》（*Decameron*）的引言中，他对这场瘟疫给出了一份非常生动的记述，使用的不是拉丁文，而是本地的意大利语。换句话说，那些站在意大利文艺复兴大门口的人，都是 14 世纪那场鼠疫的同时代人，就像在 6 世纪欧洲历史的转折点上所发生的情况一样。

汉斯·津瑟那本妙趣横生的《耗子、虱子与历史》（*Rats, Lice and History*）中，有一章的标题是《论流行病对政治军事史的影响，兼论将领们的无关紧要》。事实有力地强调了这一观点，因为历史一次又一次地表明：那些准备最充分的军事行动，总是在缺乏医学服务的情况下被流行病给冲击得落花流水。建立组织良好的军

◆ 黑死病（鼠疫）席卷整个欧洲

医部队，是相当晚近的事，将军们太过倾向于把军医看作一种不必要的恶，一个碍手碍脚的人，一个总是想干涉他们的计划的人。只有到了非常晚近，人们才认识到：医学科学是最重要的战略因素之一。

2. 最危险的敌人

自文艺复兴以来，斑疹伤寒就一直是军队最危险的敌人之一，它总是把那些骁勇善战的部队打得落花流水，并给许多国家的平民造成严重的破坏。斑疹伤寒由一种很不起眼的微生物——立克次氏体——引发，它生活在虱子体内，并由虱子传播。因此，每当卫生条件糟糕、人容易生虱子的时候，这种疾病就会成为一种威胁。在战争中，污秽不断积聚，士兵很难保持清洁。在经济萧条时期，在过去那些拥挤而肮脏的监狱里，斑疹伤寒也是一个大问题。因此，斑疹伤寒也被称作"兵营热""监狱热"和"饥饿热"。

文艺复兴时期，斑疹伤寒被认为是一种新的疾病，尽管对欧洲来说它多半并不新。斑疹伤寒最初源自东方，欧洲在中世纪想必就有病例发生，尽管人们尚没有认识到它的本质。毋庸置疑，在1489～1490年围攻格拉纳达期间，斐迪南和伊莎贝拉的西班牙军队中爆发过一次流行病。当时，它被称作"恶性斑疹热"，有人推断，这种病是由来自塞浦路斯的士兵带来的，在那里，这种病被认为稀松平常。

在1527～1529年查理五世和弗朗西斯一世之间的第二次战争期间，斑疹伤寒也扮演了一个重要角色。教皇克雷孟七世与法国结成了同盟。查理五世的皇家军队耀武扬威地进兵意大利，洗劫了罗马城，让教皇成了阶下之囚。当鼠疫在罗马城爆发并使侵略者损兵折将的时候，形势出现了逆转。与此同时，法国军队正在向意大利推进。最后，皇家军队被围困在那不勒斯城内。就在他们弹尽粮绝、事业眼看要付之东流的时候，斑疹伤寒在围城大军中突然爆发，法国军队几乎被消灭殆尽。

◆ 查理五世与教皇

1530 年，教皇在博洛尼亚城加冕查理五世为德意志帝国的统治者。津瑟的说法颇有道理，他说：教皇给德意志皇帝主持的这最后一次加冕礼，是由"斑疹伤寒热的力量"所导致的。

打这以后，以及在后来很长一段时期里，斑疹伤寒就成了军队的一位坚定不移而又令人恐怖的伙伴。它再也不能逃脱医生的关注。1546 年，当时最著名的流行病学家兼作家吉罗拉摩·弗莱卡斯特罗在他的著作《接触传染性疾病及其治疗》（*De contagione et contagiosis morbis eorumque curatione libri*）第三卷中，对斑疹伤寒给出了一段经典的描述。据他说，1505 年和 1538 年，这种疾病最早出现在意大利，但在塞浦路斯及地中海东部的其他岛屿上却很常

见。最令人印象深刻的是，这种热病患者的胸部、背部和手臂上有红色的斑点。因此，他们把这种病称作豆豆或红斑，因为那些斑点看上去很像小豆子或跳蚤叮咬的伤口。在弗莱卡斯特罗之前，另一位意大利医生吉拉尼谟·卡丹诺说到过跳蚤叮咬热，但他的这本书不像弗莱卡斯特罗的书那么有权威。

从文艺复兴时期到我们今天，斑疹伤寒一直在历史事件形成的过程中扮演着一个重要角色。1552 年，它不再是查理五世的盟友，而是成了他的死敌，当时，这种疾病迫使他不得不放弃了对梅斯城的围攻。在"三十年战争"的第一阶段（1618～1630），斑疹伤寒是主要的灾难。士兵们毁灭不掉的东西，疾病给毁掉了。在这场战争的第二阶段，鼠疫走到了前台，当然还有痢疾、伤寒和坏血病，一个都不少。它让中欧花了一个世纪时间，才从饥荒、战争和瘟疫的打击中恢复过来。

◆ 虱子传播流行性斑疹伤寒、战壕热和回归热。此外，地方性斑疹伤寒由跳蚤传给人后，也能由虱子传播。

18 世纪，虱子依然到处耀武扬威，在这一时期欧洲的几乎每一场战争——包括拿破仑战争——中，死于斑疹伤寒的人都比战死沙场的人要多。在 18 世纪下半叶，情况有所改变。在肥皂和虱子之间的战斗中，后者破天荒头一遭被迫退却了。斑疹伤寒从大多数西欧国家消失了，军队从此可以在没有它的干涉下决一雌雄。然而，在爱尔兰和东欧，换句话说，就是在生活水平较低的国家，斑疹伤寒依然是地方性的疾病。在墨西哥和美国南方，斑疹伤寒肆虐了好几百年，至今依然时有发生，只不过程度比较轻微。在西班牙人征服美洲大陆之前这种疾病是否已经存在？抑或它是不是从欧洲输入的？这个问题依然众说纷纭，莫衷一是，但我们有充分的论据支持这一理论：前哥伦布时代的美洲大陆就已经存在斑疹伤寒。

在 1914~1918 年的世界大战爆发的时候，医学科学已经取得了如此巨大的进步，以至于人们希望，这场战争能够在没有重大流行病爆发的情况下来打。西线确实是这样的情形，但在东线，只需 3 个月的时间，斑疹伤寒就闪亮登场，并确立了自己作为这一战区首席战略家的地位。1914 年 11 月，斑疹伤寒在塞尔维亚爆发，并在次年 4 月达到高潮。病死率在刚开始的时候是 20%，流行高峰时达到了 60%，甚至是 70%。斑疹伤寒一视同仁地消灭了塞尔维亚和奥地利的战俘、士兵和平民；它使塞尔维亚成为一片废墟，并在很长一段时间里组织了中欧强国占领这个国家。整个战争期间，斑疹伤寒始终在东线肆虐，但由于军队的大力灭虱，从而被控制在一定的限度之内——直到它在 1918~1922 年间的一次空前大流行中横扫了整个俄罗斯。

众所周知，斑疹伤寒一直是俄国人的死敌。在十月革命之前的 20 年里，全国平均每年有 82447 个登记病例。任何时候，只要出现饥荒或农作物歉收，斑疹伤寒的发病率就会倍增。在第一次世界大战期间，这种疾病缓慢却稳定地传播；1915 年，有 15.48 万个病例被登记在案，但在 1918 年底爆发了大流行，并从三个中心

◆ 在第一次世界大战中身着传统裙装的苏格兰军队的战俘

蔓延至全国：彼得格勒、罗马尼亚前线和伏尔加河地区。作为内战和外国干涉的结果，公共卫生服务在全国很多地方彻底瘫痪了。饥荒袭击了伏尔加河地区，并使人口处于迁徙动荡之中。疾病的流行在 1920 年达到高潮，1921 年有所下降，1922 年再次突然爆发，主要是在饥荒地区。很难给出准确的统计数字，因为当国家被内战撕得粉碎的时候，疾病登记材料明显被毁坏了。有把握的估计是：在 1918 至 1922 这 4 年时间里，共发生了 2000 万至 3000 万个病例，约 10% 的人病死。一时间，革命的命运看上去仿佛要听由斑疹伤寒的摆布，1919 年，列宁说："不是社会主义打败虱子，就是虱子打败社会主义。"这是一场不对等的战斗，因为作为外国联合抵制的结果，两种最需要的商品出现了严重短缺：清洁用的肥皂和消毒用的燃料。尽管如此，人们依然做出了巨大的努力。铁路线日夜有人守护，所有交通枢纽都建立了检疫站；乘客被带下火车，沐浴和消毒，病人被隔离。"沐浴周"活动被组织了起来，在此期间整个城区都进行了清扫和消毒。

与此同时，另外一些流行病也在肆虐——回归热、霍乱、痢疾和疟疾从高加索地区向寒带传播。自中世纪以后，世界再也没有见过这样一幅图景。倘若除了其他疾病之外，再爆发一场鼠疫的话，那么整个俄罗斯地区的全部人口很可能会被消灭殆尽。

如今，第二次世界大战正打得热火朝天，并卷入了一些斑疹伤寒流行地区，大流行的幽灵始终威胁着这些地区。就在我写下这几行字的时候，也就是在 1942 年春天，不断收到局部性的小规模爆发的报告。不过看起来这一疾病依然处于控制之下，这种状况很可能还会维持一段时间。所有军队中的医疗服务都有很大的改善。苏联红军装备有专门的洗澡列车，包含 9 节车厢，有沐浴、洗涤和消毒的全套设备，它们被直接发往前线。

实际的危险，将会在晚些时候出现，当战争进入下一阶段，当法西斯主义的清算导致革命和公开内战的时候，斑疹伤寒可能再一

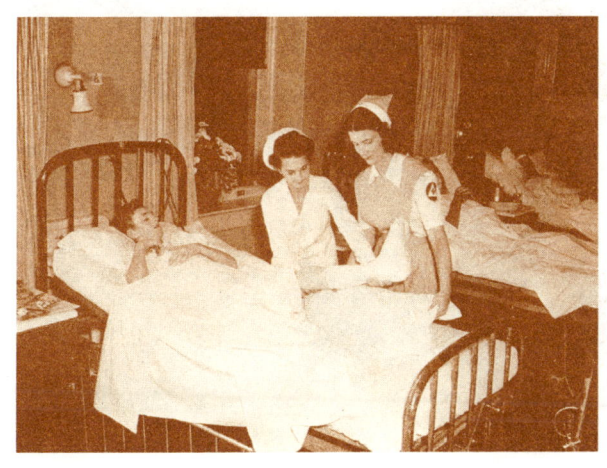

◆ 第二次世界大战中，军队里的医疗服务大有改善。

次抬头，并在历史形成的过程中扮演它的传统角色。

3. 罗马平原荒废的原因

让我们再看看另一种疾病，就特征而言，它不同于我们到目前为止描述过的那些疾病，但它对国民的生活也有着深远的影响，这就是疟疾。

1880 年，拉韦朗在阿尔及利亚发现了通过侵袭血流导致疟疾的原生动物。不久之后，马恰法瓦和塞利也在意大利对它进行了进一步的描述和研究。1895 年，罗纳德·罗斯发现，这种寄生虫是通过疟蚊的叮咬而传给人的。这些经典的发现解释了很多东西。它们解释了间歇热与沼泽（蚊子的滋生地）之间的关系，解释了沼泽地的附近为什么总被认为是不卫生的地方，不适合人类居住。它们

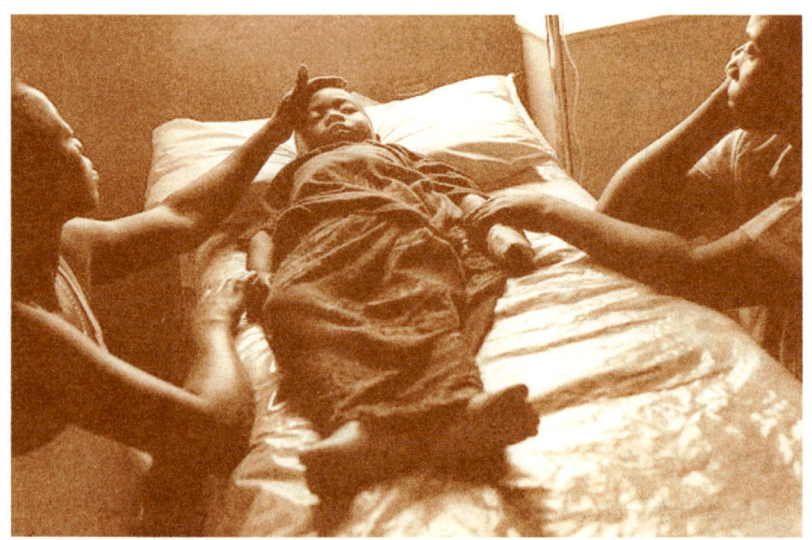

◆ 四岁的 Edwin Malesu 因疟疾入院

还解释了这些热病的季节特征：总是在夏秋两季爆发。在这些发现的刺激下，有人进行了一些极为有趣的历史研究，我很乐意在这里讨论其中的两例。

1909 年，研究希腊医学最重要的学者之一 W．H．S．琼斯出版了一本非常具有挑战性的书：《疟疾与希腊的历史》（*Malaria and Greek History*）。他的论点是：向罗马军团投降的希腊人，跟打败波斯侵略者的希腊人完全不同，发生变化的主要原因是疟疾。他用下面这段话描述了这些变化：

希腊人逐渐失去了他们的卓越才华，而当他们青春健康、朝气蓬勃的时候，他们一直是那样才华横溢。这一点在他们的文学作品中非常明显，即使在其他艺术形式中并非如此。他们的首创精神消失了，他们不再创造，而是开始评头论足。爱国主义成了空洞无物的名字，极少例外，因为很少有人把高尚的精神和活力转变成行动，担负起对国家的责任。摇摆不定，优柔寡断，不健康活动的间歇性爆发，紧跟着是怯懦消沉、自私残忍和对犯罪的偏好。这一切，是希腊公共生活的典型特征，从跟马其顿王国斗争的时候起，直到最后被罗马大军所征服。任何人都会对希腊人前后两个时期之间的显著差异感到吃惊，前一时期自马拉松战役至伯罗奔尼撒战争，后一时期从亚历山大大帝到穆米乌斯。哲学也变得更糟，变得深深地悲观，即便是在它最优秀、最高贵的解释者的手里。"漠然无情""无所关心"——这些成了人类努力的最高目标。

　　当然，琼斯并不否认，在懒惰、奢侈和邪恶的发展过程中，以及在充满活力的宗教信仰丧失的过程中，其他一些因素——比如外族人口的混合——可能也扮演了一个角色。但他认为，一个强壮而健康的民族能够抵抗诸如此类的因素，并战胜它们。然而，疟疾却逐渐消耗了这个民族的生命活力，摧毁了他们的耐力，正像我们今天依然能在世界各地看到的那样。

　　当统计数据完全不存在、文献资料支离破碎的时候，我们很难确知一场疾病的流行程度。琼斯通过仔细研究古代非医学和医学作家们的著作，得出了这样一个结论：只有最微不足道的证据表明，早期的希腊大陆存在过疟疾；公元前 500 年前后，这种疾病在大希腊地区和小亚细亚沿海地区大概很常见；它在公元前 5 世纪下半叶侵入希腊大陆，伯罗奔尼撒战争期间，大概在阿提卡地区引发过一

◆ 希腊雅典城集市遗址

次严重的爆发。最后，公元前 400 年前后，疟疾在希腊世界大部分地区到处流行。

用琼斯的话说，疟疾对当地居民有如下影响：

（1）富人、有能力的人和精力充沛的人纷纷寻求更卫生的住宅，于是，疟疾流行地区的居民往往就成了纯粹的剩余物，贫穷而不幸。

（2）城市通常比种植平原更少疟疾，城市人口往往会吸纳农业阶层，结果，国民的体格和福利变得更糟。被周围的疟疾地区孤立起来的城市往往沦入衰败和毁灭。

（3）这个过程会伴随着巨大的经济损失，因为极其富饶的地区——这些地方特别容易成为疟疾的牺牲品——可能彻底放弃了耕作。农业的毁灭对任何国家来说都是一个巨大的打击。必须记住，疟疾特别喜欢袭击农民，而且大多是在收获季节，当他们特别需要全力以赴的时候。

（4）年轻人承受疟疾的打击最为沉重，在发烧的反复袭击下，他们的身体变得非常虚弱，在孩提时代很可能就开始了一场漫长的疾病，不可能获得充分的教育。Aestate pueri si valent, satis discun（拉丁文，语出罗马诗人马提雅尔，意为：孩子们在夏天学习就足够了，如果他们能保持健康的话）。疟疾地区的居民老得很快，寿命很短。

（5）用力和劳累常常导致旧病复发，因为疟原体可以在身体里存活数月，甚至数年。自然，疟疾地区的居民往往好逸恶劳，变得行动迟缓，毫无进取心。懒惰散漫的习惯逐渐形成。

（6）这笔账还必须记上生命的损失，时间的损失，以及疾病所导致的身体痛苦，此外还有它有可能给患者带来的永久性精神障碍。

琼斯的论点非常有趣。大概不用怀疑，疟疾的流行对希腊人有着不利的影响。即使在今天，当我们拥有了奎宁之类的特效药的时候，疟疾对每个特定的人群依然有着不利的影响。在 17 世纪之前，这种病一直无药可治，只能听其自然。其影响是不是有琼斯所认为的那么深远，这一点颇值得怀疑，但毫无疑问，在希腊晚期的历史中，疟疾肯定是一个重要因素。

在决定另一个地区历史的过程中，疟疾也很重要，这个地区就是罗马平原——罗马城周围的那片土地。安吉洛·塞利是研究疟疾的最伟大的流行病学家之一，他把毕生的精力耗在了与意大利的疟疾做斗争上，对罗马平原的历史做过广泛的研究。他对下面这个事实深感震惊：这一地区有时候完全是一片荒无人烟的不毛之地，而另一些时候则欣欣向荣，充满生机。他发现，在 2500 年的时间里，罗马平原共有 4 个时期人丁兴旺、一派繁荣：（1）前罗马时代；（2）罗马帝国鼎盛时期；（3）中世纪早期（公元 8、9 世纪）；（4）现代时期（15~17 世纪）。在这些时期之间，罗马平原是一个荒凉孤寂的地方，到处是颓败荒废的村庄，只有几只野绵羊在这座"永恒之城"的城墙下吃草。皇帝和教皇们做出了很大的努力，想让这一地区重新人丁兴旺，向移居者提供奖金和津贴，但一切都是徒劳。这事如何解释呢？

常常有人想当然地认为，蹂躏罗马城的多次战争，是罗马平原荒废的原因，这是一个非常不充分的解释。因为，一旦战争结束，昔日的战场总是很快就恢复生机，尤其是在大城市的郊外。塞利无疑给出了一个正确的答案，他认为，疟疾对罗马平原的兴衰枯荣负有责任。正是疟疾，有时候使得生命无法存活，使人民死于非命，或变得衰弱，把他们赶出这片土地；正是疟疾，以另外的寄生形式，使牛马丧生，使土地荒芜。塞利的历史研究显示，在某些地区，疟疾流行周期性地循环发生，疟疾的统治权至高无上。然后，几百年过去，由于至今尚不为人知的原因，这种疾病逐渐消退，大地重现生机。毋庸置疑，疟疾在罗马平原是一个创造历史的因素。

　　这种疾病在美洲殖民的过程中所扮演的重要角色，在最近一项颇有启发性的研究中得到了论证。

　　通过这几个例子，有一点变得很明显：集体病——无论是慢

◆ **罗马城废墟**

◆ 阿斯克勒庇俄斯

性病还是急性病，是地方病还是流行病——在人类历史上扮演了一个重要角色。但其他疾病对历史也有影响。在这里，我很乐意提一下淋巴结核与王权制度之间的奇怪关系。

古代的神祇通过触摸患者来实施奇迹般的治疗。阿斯克勒庇俄斯（译者注：希腊神话中的医药之神）出现在睡在他的神庙里的病人面前，用手触摸使他们痊愈。希罗菲勒斯把医用药物称作"诸神之手"。罗马皇帝有神性，像神一样受到崇拜。我们听说，其中有几个皇帝给人治过病。在古代东方，君主被施以涂油礼，神油赋予他们神力。这种意识在犹太教当中得以继续，并一直被带到了中世纪。墨洛温王朝的矮子丕平是对一个被施以涂油礼的法国君主；这一仪式蒙神的恩惠使他成为国王，并赋予他神力。公元 8 世纪末，同样的仪式在英国得以采用，很快就被普遍应用于西欧各国。

一旦国王被施以涂油礼，他就成了"主的基督"。冒犯国王陛下的罪犯就是渎神。通过涂油礼，他分享了神力，当他触摸病人的时候，上帝就治好了他的病。奇迹治疗法跟法国和英国的很多早期国王有关，但通过国王的触摸来治疗淋巴结核，在法国似乎

◆ 法国国王亨利四世触摸治疗淋巴结核患者

是自腓力一世（1060～1108）开始的，而在英国，多半是由亨利一世（1100～1135）开始的。为什么是淋巴结核而不是其他疾病成了"国王之恶"呢？这一点没人知道。但无论如何，法国和英国国王这种治疗淋巴结核的能力，成了一项被悉心守护的王权属性。当英国的查理一世国王身陷囹圄的时候，很多患者想让他摸一下。下院任命了一个委员会，准备"一份向人民发布的声明，涉及通过触摸来治疗国王之恶的迷信"。保皇党人后来甚至声称，克伦威尔篡夺了触摸淋巴结核患者的特权。当查理一世被斩首的时候，人们把手帕浸在他的血中，有人相信，这些圣物依然有治病的力量。

　　这种仪式在英国一直断断续续地延续了下去，直到安妮女王统治时期。1714 年 4 月 27 日，女王去世的三个月之前，她最后一次执行了这个仪式。打那以后，它在英国再也没有出现过，但在法国却得以继续，甚至在大革命之后依然劫后犹存。在复辟时期，为了赋予王权中世纪那样的威信，查理十世在人们的劝说之下，执行了这一传统的仪式。他只做了一次（1825 年），但这一次却是这一仪式的终结。

英格兰国王还有（也只有他们有）另外一种神奇的治病能力。在受难日，他们把金银献祭于十字架之下的祭坛上，过后再买回来，让人打制成戒指。这些戒指被称作"痉挛指环"，能够治疗患有各种痉挛——尤其是癫痫——的病人。这种仪式在 14 世纪得以确立，像它的前辈一样经历了兴衰荣枯。

当一个处在权力位置上的人患上一种疾病的时候，他的行为可能会受到疾病的影响。牙痛令人极为恼火，头痛或感冒令人郁闷，肺炎让人疲软无力，这些情况可能发生在一个紧要关头，人们指望他做出影响深远的决定。因此，下面这个问题被证明是有道理的：身体疾病对历史事件的影响是不是比我们所预期的更大。

托尔斯泰在他的长篇巨著《战争与和平》（*War and Peace*）中

◆ 博罗季诺战役

提出了这个问题，并进行了非常详细的讨论。很多历史学家声称，1812 年 9 月 7 日的博罗季诺战役，法国之所以没有打赢，就是因为拿破仑正患感冒。倘若他不感冒的话，他在这场战役期间的部署肯定会更加灵活，俄国就会被消灭掉了。et la face du monde eut été changée（法语：瓶塞已经打开，就得把酒喝掉）。托尔斯泰冷嘲热讽地说，那位在 9 月 5 日忘了给拿破仑一双防水靴的男仆才是俄国的大救星。托尔斯泰还引用伏尔泰曾经说过的一句玩笑话：圣巴托罗缪之夜的大屠杀之所以发生，是因为查理九世正患肚子痛。他非常公正地反对并嘲笑诸如此类的幼稚想法。说到历史中的因果关系，他的观点是：世界大事发生的过程，是由更高的力量决定的，由所有参与这些事件的个人意志协同决定的，因此，拿破仑在博罗季诺的角色只不过是表面上的。为了强调他的观点，托尔斯泰对法国军队在那个时刻的心理状态给出了非常精彩的分析。

　　历史是由个体的人所创造的，他们是健康还是生病，是心智健全还是精神错乱，结果当然会大不一样。然而，个人所占据的位置，授予他的权力，以及允许他如何行使权力，都取决于很多的因素。首先取决于他的社会环境和经济条件，但也取决于他的希望和恐惧、雄心和挫败，以及其他一些心理因素。但在所有时代和每一个国家，都有潜在的天才人物、潜在的英雄和恶棍。环境决定了他们依然不为人知，还是惹人注目，以及他们在何种程度上把活动应用于何种目的。个人的疾病，哪怕是致死的疾病，都不会改变历史的进程。当领袖人物死去的时候，一项事业可能会功败垂成，但原因并不是因为他的死亡。只有当支撑这位领袖的力量大势已去的时候，这项事业才会失败。相反，他的死亡甚至有可能激活这项事业，历史不止一次地证明了这一点。

第 6 章

宗 教 · 巫 术

1. 魔法世界

疾病是什么？一个人的行动和反应为什么突然跟别人不同，在执行其生理机能的时候觉得有障碍，并感到痛苦？对我们来说，疾病是一个生物过程。它发生在人的体内，可能局限于某个器官，但是由于所有器官互相关联，组成了生物整体，因此，受影响的始终是整个生物体。又由于身体和头脑是一体的，因此患者不仅在身体上，而且在精神上经历疾病。

"疾病是生物过程"这一观念相对年轻，可以用完全不同的方式来解释疾病，而且人们也一直是这样做的。原始人发现自己处在一个魔法世界，周围是敌对的大自然，它的所有表现都被赋予了神秘的力量。为了平安无恙地活着，原始人不得不时刻保持警惕，不得不遵守一套复杂的规则和仪式，以保护自己免遭源自大自然的、源自同类的邪恶力量的损害。巫术是一种手段，赋予他们战胜周围环境的力量，每个人都必须获得某种施行巫术的技能，如果他想跟这个世界和睦相处，想使之成为其身体环境和社会环境的和谐组成部分。

◆ 治病巫术

当一个人生病的时候，总是事出有因：他在某个地方、以某种方式放松了警惕，使更强大的力量占了上风。某个同胞对他施了魔法，或者某个幽灵占据了他的身体。原始人的疾病观念总是神神道道的。诚然，它包含了一些宗教元素，但在文明的那一阶段，很难在宗教与巫术之间画出一条明确的分界线。原始的医学也知道很多我们认为合理的治疗措施，比如按摩、发汗浴和放血，很多原始部落的医药知识十分广泛。但这些表面合理的治疗方法，都是作为巫术仪式的一部分而得以应用。一种药之所以起作用，并非因为它是药，而是因为给药时所搞的那套巫术仪式，因为对它所念的咒语，赋予它治疗疾病、缓解痛苦的威力。

因此，巫术的、宗教的和经验的因素难解难分地混合在原始医学中，以巫术作为公分母。这使它有了自己独特的品格，本质上不同于文明社会的医学体系。同样，原始的巫医不能跟现代的医生相提并论。他完全不同，而且有更多的职能：他不仅治病救人，而且还呼风唤雨；他是部落的吟游诗人，有时候甚至是部落的首领；他是部落里知识最多的人，因为他了解传统；他掌握了巫术，利用自己的知识保护部落，并使之兴盛。

◆ 死神与医生

随着文明的不断发展，原始医学的构成开始沿着其自身的路线演进。巴比伦人的医学中依然结合了这些元素，但重点已经从巫术转移到了宗教。巴比伦人的医学是一套紧密复杂的宗教医学。一切疾病皆来自神，神医的任务就是发现和解释神的意图，以便能安抚众神。巴比伦医学包括很多巫术因素，也包括很多经验的因素，但整体上是一套宗教医学体系。

在古埃及，原始医学的三个要素依然可以找到，但分歧已经走得更远了。我们有纯理性的和纯巫术的医学文本。《埃德温·史密斯纸草书》是公元前 16 世纪的一份古老的文献，它完全是理性的。

末尾的咒语无疑是后人的篡改。它的理性特征在某种程度上可以归因于下面这个事实:《埃德温·史密斯纸草书》主要涉及外科病。写于公元前 15 世纪的《埃伯斯纸草》是一本纯医学书，讨论的是内科病。它从一篇献给伊希斯（译者注：伊希斯是古埃及司生育和繁殖的女神）的祈祷词开始，正如阿拉伯的医学书从"以神的仁慈、宽厚的名义"开始一样。其中也有咒语，但相对罕见，整体上这部纸草书描述了一套理性的医学体系。它的主要内容包括一份疾病机器症状的详目，以及药物治疗的处

◆ 希腊健康女神许革亚

方。在这份纸草书的一个重要段落中，提到了三种类型的治病者，即：医生、塞克荷迈特神父和招魂师。我们还在一些更晚近的、内容为纯巫术的纸草书中发现了招魂师。比如《小布鲁格施纸草书》，这份文献讨论妇科病，并给出了极为复杂的巫术疗法。我们从其他文献和考古材料中得知，宗教和巫术在埃及人的生活中扮演了非常重要的角色。

自希腊时期以后，原始医学中的各种元素便完全分离了。公元前 6 世纪标志着一个转折点，不仅是西方历史的转折点，而且也是医学史的转折点。理性的医学体系得以发展，它不仅包括粗糙经验事实的搜集——症状和处方清单——而且还试图解释健康与疾病的特性。它们是建立在观察和经验的基础上，把神话和先验的东西排除在外，并用哲学的方法——后来是科学的方法——来解释医学问题。人类在研究健康与疾病问题的时候，是如何成功地把自己从巫术和宗教的束缚中解放出来的呢？这个问题至今依然是个谜。不管怎么说，他们成功了，这个事实赋予希腊天才以独一无二的地位。对更年轻的文明来说，这个任务更容易一些，因为他们能够遵循希腊人传给他们的模式。

尽管有理性医学的发展，但宗教医学和巫术医学从来都没有消亡。千百年来，原始医学的所有元素都依然存活着，直到今天。在任何时代，我们都可以发现这三大体系并肩而立，有时候和平竞争，有时候公开冲突。如果主流哲学是理性的，科学就会繁荣，宗教医学就会退居幕后，满足于少数人的神秘渴求，并给科学医学治不好的患者充当最后的庇护所。在这样的时期，巫术被交给那些目不识丁的人、"愚昧无知"的人，活在农民的迷信中，活在公认的风俗和习惯中，其最初的意义已经被人们遗忘。在很多国家，人们依然小心翼翼地观察吉兆和凶兆，殊不知，解释征兆曾经是一门高度发达的科学。

当神秘哲学盛行时，比如在遇到大的自然或社会灾难的时期，宗教医学和巫术医学就会走上前台。恐惧遮蔽了理性，人们回归原始主义，试图凭借巫术手段抵挡威胁他们的恶魔。

就在希腊的医生和哲学家们对疾病的特性冥思苦想的时候，有很多人却根据宗教来解释疾病，到神庙里去寻求治疗。灾难和不幸是诸神派来的，疾病亦如是。阿波罗的飞镖带来了瘟疫，蛇发复仇女神惩罚犯罪并带来胡言乱语的疯狂。梅杜莎的凝视使人瘫痪，她的画像被人作为护身符佩戴在身上，以保护他们免受邪恶之眼的伤害。

古代所有的神祇都有治疗疾病的法力。宙斯被崇拜为"救世主宙斯"，在罗德岛被崇拜为"医神宙斯"。赫拉是"女神赫拉"，而在罗马则是"大救星朱诺"。在利姆诺斯岛，赫菲斯托斯坠落之处的泥土成了一味药，用来治疗蛇咬伤和躁狂症。智慧女神雅典娜在雅典和基奇科斯岛被人们当作"健康女神"来祈求。在斯巴达，那些患有眼病的人则崇拜"眼疾女神雅典娜"。阿波罗被认为是医学的发明者：他的治病功能按照各种属性而被赋予不同的名字。

因此，任何患上疾病的人都可以去几乎任何神庙，

◆ **雅典娜神像**

◆ 医神阿斯克勒庇俄斯

供奉祭品，祈求恢复健康。然而，宗教医学逐渐被具体化为对阿斯克勒庇俄斯的崇拜。千百年来，它是最重要的治疗崇拜仪式，从埃皮达罗斯传播到整个希腊世界，公元前291年传到罗马。阿斯克勒庇俄斯最初是医生的守护神，后逐渐被神化。在有些传说中，他成了阿波罗的儿子、半人半马怪喀戎的门徒，他的神庙成了病患者朝圣的地方。

即使是在破败不堪的废墟中，埃皮达罗斯依然是令人印象深刻的景象。在帕萨尼亚斯的带领下，漫步走过该城的遗址，我们依然能重现它从前的样子，那时候，一代代患者（希腊人和罗马人）络绎不绝，探访这座城市。这个圣地的中心是一座神庙，那里耸立着阿斯克勒庇俄斯神的金像和象牙雕像。他长髯飘飘，慈眉善目，倚着拐杖站在那里，他是饱受病痛折磨的人的一位帮助者。他是唯一一个生活纯洁而神圣的希腊神祇，唯一一个没有丑闻的希腊神祇。有朝一日，他将成为基督的主要竞争对手。

在遗址中，我们依然可以看到一个大旅店，那是为朝圣者投宿而修建的，共有 4 个庭院。可以看到剧院，那是一座巨大的建筑，是保存最完好的希腊剧院之一。一座音乐厅，一个运动场，以及为款待游客而准备的公共浴室。圣地被围了起来，只有纯洁的人才允许进入；至于肮脏的人、来月经的女人、坐月子的女人以及弥留之际的人，罗马元老院的议员安东耐诺斯特意为他们在市区之外捐赠了一幢专门的房子。

2. 奇迹疗法

治病的行为就是所谓的 incubatio，它发生在距离神庙不远的一些长廊——被称作 abaton。患者在经历一些预备仪式之后，便来到这些长廊里睡下来。在梦里，神出现在他们面前，当醒来的时候，他们的病就被治好了——至少是其中有些人的病治好了，那些治好的病例被记录在案，失败通常不会被广而告之。大量埃皮达罗斯人的碑版跟这样的神奇治疗有关，它们被保存了下了，最早可以追溯到公元前 4 世纪。我们从这些碑版中得知，有一个名叫安布罗西亚的雅典女人，一只眼睛瞎了，她不相信仅凭做梦就可以治好瘸子和瞎子。但接下来，当她的治疗之夜到来的时候，神出现在她的梦里。神允诺治好她的病，但要她向神庙供奉一份还愿的祭品：一头银猪，以纪念她的愚蠢。然后，神割开了她的眼睛，揉进了一些香油膏，当白天来临的时候，她那只瞎眼奇迹般地被治好了。我们还读到了阿格斯特拉图斯的故事，他的头痛非常严重，以至于无法睡觉，也被治好了。另一位名叫哥吉亚斯的患者，胸部有一处箭伤正在溃烂，他醒来的时候，伤处已经完好如初，箭头握在他的手里。

今天我们已经知道了暗示的心理机制，并有意识地利用它。毫无疑问，暗示和自我暗示可以消除某些疾病症状。信仰——宗教狂热的张力，创造了一种非常有利于治疗的精神状态。始终有一种特殊类型的患者在宗教崇拜中寻求治疗：通常是慢性病患者，其中很多是神经官能症。歇斯底里的症状最容易对这样的治疗做出响应，但痊愈不是永久性的，基本的疾病环境依然没有受到影响。很有可能，安布罗西亚离开神庙的时候，两只眼睛都能看见，但完全有可能，在几个月甚或几

◆ 阿斯克勒庇俄斯神殿里患者下榻的长廊

年之后，她会变成聋子或瘸子，或者显示出某种歇斯底里的症状。而在埃皮达罗斯城治好了头痛的阿格斯特拉图斯，则很有可能会发展出胃痛。

然而，不可否认，器质性疾病也可以通过暗示来治愈。毕竟，每一个细胞都受到神经系统的影响。我记得，有一位非常著名的皮肤病学家患有慢性湿疹，这种病几乎把他逼疯了。他咨询了这一领域最有影响的权威，试过每一种能够想到的治疗方法，但没有任何效果。最后，在绝望之中，他去找埃米尔·库埃，此人是南锡城一

个对医学一无所知的门外汉，他的自我暗示疗法当时非常流行——皮肤病学家在库埃那里被治好了。作为一个科学家，他试图为自己的病例寻求合理的解释。他发现，暗示并没有治好这种病，而是消除了难以忍受的奇痒。湿疹被听之任之，没有抓挠所导致的持续刺激，它自愈了。

众所周知，赘疣是一种传染性的疾病，它非常容易对暗示做出反应。因此，在所有种类的迷信疗法当中，赘疣都极受欢迎。我的一位欧洲同学就治疗过这样一个病例，算得上是一个经典的例子。他是一个儿科医生，正在治疗一个小女孩，除了别的毛病之外，小女孩的手指上还有几个难看的赘疣。医生决定，要用硝酸把这几个赘疣烧灼掉。这一天，母亲和孩子坐在候诊室里。小女孩非常害怕和紧张，一个碰巧在同一间候诊室里等待看病的女人询问有什么麻烦。当被告知关于赘疣和即将进行的治疗的时候，她警告那位母亲不要使用硝酸，因为那很痛苦，而且会留下疤痕。她知道更好的治疗方法："买一根新丝带，打上结，结的个数跟孩子手上的赘疣一样多。然后把这根丝带扔在学校附近有很多孩子经过的地方。一个小姑娘会捡起丝带，你女儿的赘疣也就随着这个丝带被捡走了。"这是一个并不十分仁慈的建议，但它很有效。孩子的赘疣居然真的消失了。

这个病例是一个很好的例证，说明原始疗法依然幸存于 20 世纪的民间医学中。丝带必须是新的，而且是丝绸的。换句话说，它必须要花点钱，并且是一种奉献。疾病通过魔结被牢牢地系在丝带上。最后，它被从一个人的身上转移到了另一个人的身上。

现代人的经验显示，不仅仅是神经性的疾病，还有某些器质性

◆ 埃皮达罗斯的阿斯克勒庇俄斯神庙遗址

的疾病，通过暗示及其他形式的精神疗法，即使不能完全治愈，也能得到很大的改善，当我们研究发生在埃皮达罗斯城及其他宗教中的"奇迹疗法"时，一定要记住这一点。如果没有这样的效果，宗教医学怕是早就消亡了。正如愉快的经历被长时间记住，而不愉快的经历则受到压制一样，成功的治疗被仔细地记录在案，失败则很快就被忘得一干二净。

公元前 5 世纪，在希波克拉底的医学兴旺发达的同时，阿斯克勒庇俄斯的崇拜已经在雅典确立，之后很快被传播到其他的希腊社群。这两种形式的医学之间不存在冲突，它们并肩繁荣。在罗马帝国的那几百年里，迷信疗法非常广泛，非常受欢迎。一股神秘主义的浪潮席卷了古代的世界。施行奇迹疗法的不仅有阿斯克勒庇俄斯，还有西布莉、狄俄尼索斯、奥西里斯、塞拉皮斯、密特拉斯，而患者则成群结队地涌向他们的神庙。然而，主要的竞争对手是一个新的叙利亚教派，它带来治病和救赎的允诺，这就是基督教。

3. 守护圣徒

在基督的那个时代，治病在所有的宗教崇拜中都扮演了一个非常重要的角色，以至于除非做出奇迹治病的承诺，否则的话，新的宗教就没办法与旧的宗教竞争。《福音书》叙述了大量治病的实例。它们是基督最频繁地实现的奇迹。他治好了恶魔附身者、瞎子、麻风病人、瘫子以及患上其他各种慢性病的人和身体虚弱的人，甚至让死者复活。他凭借自己身上所具有的神力给人治病。《马可福音》第 5 章第 25～34 节中的一段插曲在这方面是很有启发性的。"有一

◆ 耶稣使盲人复明

个女人，患了十二年的血漏"，很多医生给她治过，但都无功而返。后来，她触摸了基督的衣服："于是她血漏的源头立刻干了，她便觉得身上的灾病好了。耶稣顿时心里觉得有能力从自己身上出去，就在众人中间转过来，说：'谁摸我的衣裳？'"《路加福音》第6章第19节表达了同样的观念："众人都想要摸他。因为有能量从他身上发出来，医好了他们。"他"靠着神的灵"赶走了魔鬼。

有时候需要病人表白他的信念。两个瞎子想让神之子治好他们的病，"耶稣说：你们相信我能作这事么。他们说：主啊，我们相信。耶稣就摸他们的眼睛，说：照着你们的信念给你们成全了吧。他们的眼睛就开了"（《新约·马太福音》第9章）。他治疗另一个瞎子时说："你可以看见：你的信念救了你。"（《新约·路加福音》第18章）

有时候，基督通过用手触摸病人来治他们的病，这是奇迹疗法的经典动作。他触摸瞎子的眼睛，或者先朝自己的手上吐唾沫，然后把手放在病人身上。在另一个病例中，他朝地上吐唾沫，用唾沫和泥，再用泥巴涂抹瞎子的眼睛。在很多病例中，治疗通过纯粹的命令、通过言辞的魔力来生效。基督对麻风病人说："你洁净了吧。"对瘫子说："起来，拿你的褥子走吧。"对一个手已枯干的人说："伸出手来。"

像其他的奇迹一样，耶稣的治病手段也让人惊叹不已。它们使上帝的工作得以彰显，证明了耶稣就是弥赛亚，就是基督。《福音书》奠定了一个模式，此后数百年的时间里，这一模式决定了基督教世界宗教医学的形式。不仅基督有施行这种治疗的能力，他的门徒也有这样的能力。"耶稣叫齐了十二个门徒，给他们能力权柄，制伏一切的鬼，医治各样的病。又差遣他们去宣传神国的道，医治病人。"（《新约·路加福音》第 9 章）彼得对一个瘸子说："我奉拿撒勒人耶稣基督的名，叫你起来行走。"（《新约·使徒行传》第 3 章）就这样治好了他。保罗及其他门徒施行过类似的治疗。治病被认为是证明上帝力量的最有力的论据，在皈依异教徒的过程中也扮演了一个重要的角色。古代世界完全相信奇迹。阿斯克勒庇俄斯及其

◆ 希腊医师盖伦

他神祇都实现过奇迹，而哲学家普罗提诺和泰安那的阿波罗尼奥斯据说也有过创造奇迹的行为。刚好就在尤利乌斯·恺撒被人谋杀的前夕，他家的所有大门和窗户都自动敞开了，有人听到了古怪的声音，有人看到像炽热的金属一样闪烁的鬼魂在互相打斗。诸如此类的故事到处流传，被很多人所相信：他们为什么就不该相信基督的奇迹呢？所有圣徒都实现过奇迹。《黄金传说》（*Legenda Aurea*）中充斥着奇迹治病的报道，它们千篇一律、无休无止地互相重复。

在早期的基督教社会里，医学就是信仰疗法。当一个人生病的

时候，教会的长老们就会为他祈祷，"他们可以奉主的名义用油抹他，为他祷告。出于信心的祈祷，要救那病人，主必叫他起来。他若犯了罪，也必蒙赦免"（《新约·雅各书》第 5 章）。希腊医学则是异教徒的技艺，在早期的教会中没有它们的容身之地。公元 2 世纪，盖伦的基督徒学生都被逐出了教会。然而，双方逐渐和解。当基督教成为罗马政府的官方宗教的时候，它不得不通过接受过去的文化遗产，从而做出必要的妥协。基督徒成了医生，通过应用异教医学作家的学说来治疗病人。医学书被本笃会的修道院抄写复制；他们还为收留外地人、穷人和病人而建起了医院。

古代的理性医学体系得以挽救。它们存活了千百年的时间，被基督教神学所吸收与整合，盖伦成了一位傲视群伦的权威。但千百年来，这一体系所取得的进步非常有限。在一个这样的世界里，教会扮演着压倒性的角色，宗教渗透到生活的各个方面，宗教医学自

◆《阶梯上的圣母马利亚》，安德烈亚·德尔·萨尔托（1486-1530），文艺复兴时期美术绘画。马德拉普拉多博物馆。

然也就跟人民贴得很近，并注定要占据非常显著的位置。它呈现出一些更明确的形式，这些形式反映了很多异教的元素。

当一个人生病的时候，他便贡献祭品，祈祷康复，他不是直接面对上帝，而是面对圣母马利亚，面对圣徒，请求他们为自己说情。在一些还愿的绘画上，圣母马利亚经常被描绘为跪在上帝的面前，向他展示自己的乳房，提醒他自己曾生育过他的儿子。她以多种形式受到崇拜，仅在法国，就有大约 40 座教堂因为她治病的能力而供奉她。其中，今天最有名的是卢尔德圣母院，1858 年 2 月 11 日，在这座教堂，圣母马利亚在贝尔纳黛特·苏比鲁的面前显灵，4 天后，一汪神奇的泉水出现了。每年数十万患者去卢尔德朝圣，从圣泉中流出来的水被装运到世界各地。卢尔德之于天主教世界，就像埃皮达罗斯之于古代。

在圣徒当中，出现了一次有趣的专门化。正如我们前面提到过的那样，他们全都实现过奇迹，早期的那些皈依异教徒并为信仰而死的圣徒，也都有过奇迹治病的功绩。他们全都拥有为病人祈祷并向上帝说情的能力。然而，圣徒们逐渐成了专门的代理人，人们在明确的病例中祈求他们的帮助。因此，自公元 7 世纪以降，圣塞巴斯蒂安成了保护人们免遭鼠疫侵害的守护圣徒。公元 6 世纪的查士丁尼鼠疫，曾导致那么多的不幸和苦难，因此创造了对一位帮助者的强大需求。圣塞巴斯蒂安之所以成为鼠疫守护圣徒，是由于他的传说。国王迪奥克勒辛让弓箭手朝塞巴斯蒂安射击，据传说，他身上所中的箭如此之多，以至于看上去就像是一只刺猬，可他并没有死。但箭一直象征着突然死于鼠疫，阿波罗通过对准人射箭，从而送来了鼠疫。塞巴斯蒂安比弓箭所导致的死亡更强大，因此是从鼠疫中拯救人类的大救星。这种崇拜始于公元680年鼠疫爆发时期的帕维亚，当时，他的遗骨被人从罗马带到帕维亚，人们在圣彼得镣铐教堂里为他建了一个祭坛。14世纪，鼠疫再一次席卷世界，尽管有圣塞巴斯蒂安的护佑，但依然有数百万人死于这场瘟疫。这导致了对一位新的鼠疫守护圣徒的需求，这位圣徒就是圣罗什。他本是蒙彼利埃的一位市民，把自己的一生都奉献给了护理鼠疫患者。从那时起，每当鼠疫爆发的时候，人们便会向这两位圣徒祈求。

以类似的方式，圣拉扎勒斯成了麻风病人的守护圣徒，圣维特成了癫痫及其他痉挛患者的守护圣徒，圣安东尼治疗麦角中毒的人，圣布莱兹治疗患咽喉病的人。这样一份名单完全可以无休止地开列下去。在他们被埋葬的地方，对人们的帮助最大。他们每一个人的遗骨，甚至是画像都有神奇的力量。他们的像章被人们佩戴在身上充当护身符。当患者被他们的求情治愈的时候，常常要向教堂供奉还愿的

◆ 鼠疫守护圣徒圣塞巴斯蒂安

祭品，这些祭品代表患病的器官，正像古代的异教徒所做的那样。

4. 上帝的愤怒

整个中世纪及其之后很长的一段时间里，人们一直把流行病归因于上帝的愤怒，并极力平息这种愤怒。人们认为精神病患者被魔鬼附体，要给他驱邪祛魔。古代的巫术仪式被改头换面，以基督教化的形式到处被人应用。

宗教改革摈弃了曾侵入基督教会的异教元素。它标志着回归《福音书》，回归早期基督教社会生活的简朴。对圣母马利亚和圣徒们的崇拜，对遗骨和画像的崇拜，以及去圣地朝圣，所有这些全都被抛弃了。就这样，精密复杂的宗教医学的仪式被抛弃了，但新教当中也有对某种等价物的需求。人们在简单的祈祷方式中发现了这种等价物，正如《雅各书》所概述的那样。当一个人生病的时候，他直接向上帝祈祷康复，或者同一社群当中的伙伴与他一起祈祷。只要他有信仰，就有希望。治疗的方法就是信仰疗法。

在新教内部，宗教医学以各种不同的方式系统化了，几个注重治病救人的教会发展出来了。其中分布最广泛的是所谓的"基督教科学教派"，该教派由玛丽·贝克·艾迪（1821～1910）创立，她的历史广为人知。玛丽出生于新罕布什尔州，患有各种不同的疾病，直到她找到了菲尼亚斯·帕克赫斯特·昆比这个大救星。昆比应该被视为这场运动的精神之父。他是缅因州的一个钟表匠，在一个法国人的作品中看到了磁性疗法。弗朗茨·麦斯麦（1734～1815）进一步详细阐述了动物磁性理论，原本打算使之变得科学，但实际上只不过是一种异想天开的推测。麦斯麦把矿物磁性与动物磁性区

◆ 玛丽·贝克在给人治病

别开来。他想当然地认为，有一种无限细微的物质弥漫于整个宇宙中，而且，这种物质就是身体互相发挥影响——这一现象被称作"动物磁性"——的原因。疾病就是扰乱磁性的结果，可以通过磁性的手段来治疗。在麦斯麦发展出来的治疗仪式中，催眠和暗示是最重要的元素，整个理论在 19 世纪初风行一时。

昆比接受过磁性治疗，但他很快发现，通常遵守的很多程序完全是多余的，信仰本身就足够了。他治好了玛丽·贝克，然后玛丽成了他的弟子。在昆比于 1866 年去世之后，玛丽继续了他的工作，并从中发展出了自己的学说。后来她搬到了波士顿，创立了"母亲教会"。这个教派不断发展，如今在美国各地共有一千多座教堂，信徒接近 100 万。

基督教科学教派不是一个治疗体系，而是一种宗教。但它最强大的吸引力，恐怕还是它对治病救人所做的承诺，不仅医治疾病，还疗救各种邪恶。由于邪恶根本不存在，存在的只有灵魂。灵魂就是上帝，上帝就是善，而且无处不在。疾病，罪恶，死亡，都不存在。它们是人类的错误。当一个人生病的时候，他只不过是出错了。当他被带回到正确的思考时，他必定会重新感觉良好。

当美国的医学正在发展一套极其机械的治病方法并忽视了心理因素的时候，基督教科学教派变得大受欢迎，因为有一个空子被基督教科学教派给钻了。今天的情况已经改变，医学心理学和精神病学得到了发展，在科学医学中占到一个越来越重要的位置。结果，基督教科学运动便停滞不前了。但它会继续存在下去，因为它满足了少数人的神秘需要——在我们的社会中总是能找到这样的人——直到被其他运动取而代之。

基督派的门徒"去宣传神国的道，医治病人"。新教教会依然在宣讲"神国的道"，但它把"医治病人"的任务留给了医生。有人觉得，教会把医学完全交到医生的手里，从而忽视了这是它的任务之一。基督教科学教派则处心积虑地从医生那里抢患者。20世纪初，从以马利教堂开始，发展出了一场完全不同的运动。其创始人埃尔伍德·伍斯特是教会的一个牧师，曾在莱比锡师从冯特研习过心理学。他是费城的神经病学家 S. 韦尔·米切尔的朋友，对精神病领域颇有兴趣。作为以马利教堂的教区长，他在 1905 年前后开始与约瑟夫·H. 普拉特博士合作，举办了一个"肺结核班"，面向的是贫民窟里的病人。这些人，疗养院里没有他们的容身之地。"治疗方法包括被认可的治疗肺病的现代方法，加上训练、友谊、鼓励和希望。简言之，就是把身体元素跟心理元素结合起来。"这个榜样被广泛仿效，下一步就是建立"以马利健康班"，为的是在

◆ 基督教科学教派中心

"神经病和精神病患者"当中展开工作。

这场运动跟科学医学绝不是敌对的，正相反，它与当时首屈一指的医生开展合作，只接受由医生检查过的病人。换句话说，它是精神疗法，主要是暗示，由牧师而不是由医生来实施，并利用宗教元素。毋庸置疑，很多神经病患者都通过这样的方法被治好，至少是有所改善。千万不要忘记，在那年头的美国，普通的医生没有多少精神病学的经验，受过良好训练的精神治疗医生并不多。

如今，美国的医生既是身体的医生，也是心理医生。他所受到的训练包括心理学和精神病学，有很多的专家可用。他们很重视与牧师的合作，只要患者碰巧是一个信仰宗教的人。信仰无疑是一个重要的治疗因素，无论你所信的是科学，还是宗教，抑或是二者都信。然而不管怎么说，把精神病诊所交给医学去运作，总比交给教会更安全。

自阿斯克勒庇俄斯时代以来，科学医学已经取得了巨大的进步，但它依然有着严重的局限性。依然有很多疾病现象科学并不能解释，有很多疾病科学既不能预防也不能治疗。大多数人依然死于疾病，而不是寿终正寝。只要医学尚没有达到它彻底消灭疾病的目标，就始终会有患者希望出现奇迹，向宗教甚或向巫术寻求帮助。任何时候，医生只要低估了病源中以及治疗方法中的社会因素和心理因素，他就会在重视这些因素的牧师那里发现一位强有力的竞争对手。

第 7 章

哲学的狂欢

1. 水是万物的主

米勒托斯的泰勒斯（全盛时期是公元前 6 世纪）是第一位希腊

◆ 米勒托斯的泰勒斯

哲学家。他一本书也没写过，却因为宣布水分是万物的主而被人们所铭记。这句简短的陈述标志着欧洲哲学的开端。天真的观察者满足于仅仅观察事物的客观实在，大概还努力使它们派上实际的用场。然而，泰勒斯却对事物做进一步的反思。日常经验教会他懂得：万物皆有因，于是，他便得出结论：这个世界也必定有一个因，他寻求对世界的解释。他研究大自然的方法，就是希腊人所谓的 theorein（思辨）。他看待事物的时候，并不认为它们理所当然，而是带着不断更新的惊奇，他的解释并不是神话式的——像之前人们所解释的那样。他注意到，一切有生命的事物都是湿的，动物的精液是湿的，没有水的地方必有沙漠。在游历中，他见过尼罗河洪水的后果。他得出结论：水分是万物的主因。

有人给出了另外的解释。阿那克西曼德宣称无限、阿那克西米尼宣称空气是基本元素。他们各写了一本《论自然》（*On Nature*），他们都试图研究大自然，他们都对实际问题感兴趣。据说阿那克西曼德做过一个天体球，画过一张世界地图，从巴比伦尼亚引入了日晷。阿那克西米尼从事天文学研究。

逐渐地，这些早期的大自然的研究者和哲学家把他们的研究扩大到了健康与疾病的问题上，在这一发展中，毕达哥拉斯学派扮演了一个非常重要的角色。由于政治环境的原因，毕达哥拉斯从萨摩斯迁到了意大利南部，在克罗顿城，他的身边很快就聚集了一大群弟子。该学派的成员相信灵魂转世，过一种纯洁的生活，以此来寻求俗世轮回的救赎。他们服从严格的精神和肉体的日常饮

◆ 毕达哥拉斯

食，旨在让自己能够抵抗各种失调。然而，如果发展出了一种失调，他们就会试图恢复失去的平衡，身体上的平衡借助医学来恢复，精神上的平衡借助音乐来恢复。因此，医学和音乐被纳入他们的研究范围。

在研究的过程中，毕达哥拉斯学派的成员们注意到一根丝弦的长度与拨动丝弦时所发出的音调之间的关系，于是得出结论：和谐就是一种数学比例，数字看来就是万物的本质。在他们的系统化平衡中，数字构成了一种对称，理想的数字，不是 5 也不是 7，而是 4。两对性质相反的数字构成了完美的和谐。后来，恩培多克勒认为，世界是由 4 种元素构建而成的，它们是：土、水、气、火。通过爱与冲突的基本力量，这 4 种元素结合与分离，吸引与拒斥。

至此，我们开始感觉到，医学将会朝什么样的方向发展。在 6 世纪和 5 世纪，一些医师学校发展出来了，在希腊各殖民地，在意大利南部、西西里和小亚细亚，特别是在柯斯岛和克尼多斯。它们并不是我们现代意义上的学校——有教学楼、实验室、诊所和特许状——而是由医生和他们的徒弟所组成的自由社团。他们的很多著作被保存在一部文集中，这部文集后来被归到希波克拉底的名下。他们全都不得不站起来，回答这两个问题：健康是什么？疾病是什么？

答案五花八门，多不胜数，但它们都有某种共同的东西。它们把巫术和神话排除在外。疾病不是巫术的结果，也不是复仇之神的愤怒打发来的邪恶幽灵的杰作。它是一个自然过程，本质上跟正常的生命过程并无不同。健康人和病人都是大自然的组成部分，必须像其他自然现象一样来研究和解释它们，方法已经由前苏格拉底时代的哲学家们发展出来了。

　　健康看上去似乎是一种完美均衡的状态。当我们健康状况良好的时候，我们就会像往常一样自由呼吸、吃喝拉撒、思考行动，而浑然不觉。但是，大气的因素、不当的饮食、错误的生活方式或其他情况，都可以打乱这种平衡。这一被打乱的平衡，彰显在疼痛、发烧、肿胀、功能紊乱及其他疾病症状当中。

　　这样的解释，事实上当然是对的，然而却太过含糊，在医学上起不了多大作用，医生们不得不判定：在健康状态下，身体中互相平衡的本质要素是什么。据有的人说，它是力（dynameis），是活跃在生物体内的力量。而据另一些人说，它是体液——血液、胆汁、尿以及诸如此类。在希波克拉底的一部作品《论人的特性》（*On the Nature of Man*）中，我们发现了一个理论的开端，在此后两千多年的时间里，这一理论将对医学发挥巨大的影响。我们

◆ 希波克拉底

读到：人的体内有四种最重要的体液：血、痰、黄胆汁和黑胆汁，两对性质相反的体液。在这里我们认识到了毕达哥拉斯学派的影响。据说，血源于心脏，痰源自大脑，黄胆汁源自肝脏，黑胆汁源

自脾脏。

把脾脏归类为最重要的器官，听上去似乎有些奇怪，因为它很不起眼，而那年头并没有进行过系统化的解剖。可能的解释是：这些理论是在疟疾流行地区被总结出来的。脾脏肥大是慢性疟疾的症状，这些大得可怕的脾脏甚至比肝脏更容易用触摸的方法诊断出来。所以，位于腹腔左侧的脾脏，似乎可以平衡右侧的肝脏。

四种体液的理论在盖伦那里得到了进一步的发展，阿拉伯人——特别是 11 世纪的阿维森纳——又把它向前推进了一步。它是一种高度可塑的理论，有过大量的解释。每一种体液都有其基本特性。血热而湿，似气；痰冷而湿，似水；黄胆汁热而干，似火；黑胆汁冷而干，似土。人是大自然的组成部分。大自然由四种元素组成，人体由四种体液组成，这些元素和体液有它们共同的基本特性。它们构成了微观世界与宏观世界之间的桥梁。

当体液的数量和品质都正常、混合比例得当、平衡（希腊语：Eukrasia）状态占优势的时候，人就健康。然而，倘若由于扰乱，一种体液以不正常的方式占了上风，平衡被颠覆，混合比例不得当，失调（希腊语：Dyskrasia）状态便占优势，人就生病。接下来，生物体凭借与生俱来的康复力——后来被称作 vis medicatrix naturae（拉丁文：自愈力）——努力恢复平衡。这些体液在发病之初被认为是不成熟的，它们要经历一个成熟的过程（希腊语：coction），当它们已经成熟的时候，那些出了毛病的物质（希腊语：materia peccans）便通过尿、大便、痰或脓被排出去。于是，平衡得以恢复，患者被治好了。否则的话，如果失调严重，自愈力无法战胜它，那么，患者就会一命呜呼。

　　这些观点所导致的一个非常重要的实用结果是：医生学会了以这样一种方式指导整个治疗，使之能够帮助身体的自愈力，避免任何可能与之产生对抗的东西。他通过指定合理的饮食来做这件事情，其效果可以通过药物来增强。或者，在某些病例中，他求助于手术刀。通过切开脓肿，帮助自愈力排出脓汁，因此缩短了自愈的过程，节省了生物体的力量。

　　基本特性的理论，使盖伦得以在公元 2 世纪发展出了一套精密复杂的药理学体系，这一体系被遵循了将近 1500 年。体液有基本特性，由于它们决定了疾病的特性，所以这些体液也就有了支配性的特性。药物很像其他的自然物体，也有着明确的特性，因此，一种热而湿的疾病，必须用冷而干的药物来治。盖伦把药的四组特性做了区分，存在四种不同的强烈程度。他的这套体系在中世纪极受欢迎，无论是在阿拉伯人的医学中，还是在西方医学中，因为它给了医生非常明确的指示。

　　四种体液的理论还可以用来解释不同的体质类型。诚然，没有两个个体完全一样，但你可以辨别出不同类型的人群。有高有矮，有胖有瘦，有智有愚，有暴躁有阴郁。早在古代就有人注意到，某些身体和精神的特性存在明确的组合。粗壮结实的人通常脾气好，从未有人把魔鬼描绘成胖子，因为这会让他看上去像一个好心肠的魔鬼。体液理论似乎可以解释这些差异。据说，四种体液当中，某种体液在生理上可以稍稍强势一些，而不会导致疾病。因此，如果黑胆汁占上风，这个人就属于亚里士多德在《难题集》（*Problems*）中描述过的忧郁类型。很多天才人物——哲学家、政治家、艺术家——就属于这一类型，但它是一种稍嫌不平衡的类型，我们今天会称之为燥狂抑郁病患者，这种人有时候情绪高涨，有时候垂头丧气。后来，有人把这些类型跟行星联系在一起。忧郁的人是土星人，阿尔布雷特·丢勒曾在一副很有名的雕版画中描绘过这一类型的人。

◆ 丢勒笔下性格忧郁的"土星人"

同样，据说，血、痰和黄胆汁也可以在生理上略占优势，阿拉伯人描述过乐观、冷静和急躁等类型。这些观点持续了很长时间，如果你不熟悉这些的话，要想理解莎士比亚的戏剧是不可能的。

我之所以如此详细地讨论四种体液的理论，乃是因为它对医学思想有着最持久的影响，因为它最生动地说明了疾病的哲学解释。每种医学理论都建立在观察和推理的基础上，每个时期都是用当时可用的观念来思考。体液理论是很多精确而正确的观察材料的结果。它合乎逻辑，解释了健康和疾病的很多现象，给予医学从业者以有价值的指导。就我们所使用的"科学"这个词的意义上讲，它不是科学的：谁也没有见过黑胆汁，热性、冷性、干性、湿性都不是物理概念。海水被认为是干性的，胡椒粉是热性的，而玫瑰却是冷性的。这些特性都没法测量，而只能根据某些观察材料在逻辑上进行假设。古代有科学，有高度发展的数学、物理学和天文学。生物学中也做过科学实验，但要解释健康和疾病，却没有科学手段可用，人们想理解这些现象，这一需求只有靠哲学思考来满足。

2. 人体的构成

四种体液的理论绝不是古代的唯一理论。事实上，它是在相当晚近的时期才得以充分发展，并且，它在中世纪的影响比在古代要大得多。也有人给出了另外一些对疾病的解释。就在希波克拉底学派的医生们认为体液是病因中最基本的因素的同时，另外一些人则坚持认为固体颗粒更重要。在伊壁鸠鲁的原子理论的影响下，阿斯克雷庇阿德在公元前 1 世纪发展出了一套新

◆《安德罗美达与魔鬼》，胡安·安东尼奥·德·弗－埃斯卡兰特（1630–1670），17 世纪美术绘画。马德里普拉多博物馆。

理论，并为一个新的学派奠定了基础。据他说，人体是由原子构建而成的，原子结合起来组成了构件，在生物体的孔隙中处于不断运动的状态。只要这些原子能够自由移动，健康就占上风；当运动被扰乱的时候，疾病就发展出来了。阿斯克雷庇阿德的弟子们使他的理论精细化了，把生命过程减少为两种基本功能：收和放。他们认为，所有固体构件都有收或放的能力。疾病只不过是身体某些部分异常的收或放。这一理论导致了简单的治疗方法，这一学派的追随者因此被称作"方法论者"。古代一些最有才华的医生就属于这一学派。

哲学上的怀疑论在医学中也有它的回响。源自公元前 3 世纪的亚历山大城的一个医学流派，就拒绝一切试图解释健康与疾病特性的努力。他们指出，医学的目的就是治病救人，不同流派的医生，所产生的结果是一样的。他们以经验为向导——自己的经验，以及文献材料中叙述的别人的经验，当经验缺乏的时候，他们就按照类推的方法行事。这些经验主义者中也不乏杰出的医学从业者。

千百年来，所有这些学派并肩共存。在中世纪早期，方法论颇为流行，但自 12 世纪以后，当阿拉伯人的文献被西方所了解的时候，四种体液理论独占鳌头，傲视群雄。正是在文艺复兴中这一理论处于巅峰的时候，它经历了第一次毁灭性的攻击。攻击来自菲利普·赛俄弗拉斯图斯·冯·霍亨海姆，他自称帕拉塞尔苏斯（1493～1541）。

自然科学已经取得了长足的进步，航海的发现之旅刺激了地理学的研究，远程航行给物理学和天文学提出了新的问题。为植物界和动物界编制了新的物种目录，而采矿和炼矿要求新的化学研究。

有一种普遍的趋势倾向于现实主义。人们开始怀疑传统的权威，渴望亲自去认识事物。他们有勇气相信自己的眼睛，即使他们看到的与传统相悖。

　　帕拉塞尔苏斯是个医生，还是一个科学家，尤其精通化学。他曾在煤矿和冶炼厂工作，在长途旅行中，他积累了大量的经验。很多化学药品的引入大概是他对医学所做出的最大的实际贡献。他对像痛风、关节炎、结石（他称之为酒石病）之类的疾病很感兴趣，他吃惊地发现，人体的生理与病理过程与他在实验室里观察到的化学反应之间存在着很多类似之处。是否可以按照化学的理论来解释疾病的机制呢？根据传统的四种体液理论，这样做是不可以的，于是，帕拉塞尔苏斯只要有机会便猛烈攻击四种体液理论。他逐步发展出了自己的理论，用上了化学概念。当然有体液——谁也不能否认它们的存在——但它们并没有扮演盖伦学派赋予它们的那种角色。重要的是，在每一个器官中，都可以找到三种成分：易燃的，易挥发的，以及不可燃的（就像灰烬一样残留在那里）。他象征

◆ 帕拉塞尔苏斯

性地把这三种成分命名为硫、汞和盐。这使他得出了构成人体的化学物质，但他需要为使用这种物质并引发化学反应的化学家提供一个额外的概念。他假设存在一种生命成分，他称之为"元气"（archaeus）。

帕拉塞尔苏斯是一位文艺复兴时期的科学家。他不满于传统医学理论，发展出了自己的体系。按照他的打算，这一体系应该是科学的，而实际上，尽管他使用了一些科学的概念，但它却是一套哲学体系，就像希腊人的那些体系一样，也是思辨性的。

帕拉塞尔苏斯并不满足于解释疾病的机制。他想知道，人为什么会生病，如何生病。他在一本书中描述了这些问题，并给它取了一个故弄玄虚的标题：《奇书》（*Volumen Paramirum*）。书中讨论了对人的健康和疾病起决定性作用的四种实体。

首先是"行星实体"（ens astrale）。每个个体都是生出于某个确定的时间——被赋予生命的那个历史性时刻，对我们的肉体生命有着巨大的影响。接下来是"药物实体"（ens veneni），它意味着，我们全都生活在一个给定的物理环境中，我们的物质和能量便源于此。毒药以及所有导致疾病的异常刺激也都源于自然。因此，来自于大自然的每一样东西都存在善恶二重性：食品、药物和毒药。剂量决定效果。第三是"自然实体"（ens naturale），意味着所有个体都不相同。每个人生来都有自己的特性，因此在很大程度上，他的命运被他自身所决定。但人还是一个精神的存在，这样就有了第四个实体"精神实体"（ens spirituale），疾病的原因也可能来自于此。

这就是帕拉塞尔苏斯所涉及的体系中决定人的生命的四重秩

序。如果他被调整得与之相适应，那么就处在良好的健康状况中；但是，疾病也可能源于这四种实体，然后，人就在第五种实体——"上帝的实体"（ens Dei）——中回归正常状态。

帕拉塞尔苏斯自称是一个探索医学哲学的科学家。他并不满足于治疗病人，而是还要追问为什么生病和如何生病。他是一个唯灵论者和活力论者。在他去世之后，当其著作被人们所了解的时候，依然能感受到他的影响力。海尔蒙特和17世纪的化学医学派学者都视他为本派的鼻祖。他们全都试图按照化学的理论来解释健康与疾病，但本质上他们依然是自然哲学家。在拉瓦锡把定量法引入化学之前，要想精确地用化学来解释生理机能是不可能的。

3. 理性的灵魂

拉瓦锡死于 1794 年，化学革命发生得相对较晚。长期以来，化学一直背负着神秘主义遗产这个沉重的负担。炼金术有时显示出宗教运动的性质，在这样的运动中，化学物质体的吸引力和排斥力具有符号的价值。炼金术士一

◆拉瓦锡

◆ **物理学家伽利略**

直在寻找长生不老的灵丹妙药和点金石，有了点金石的帮助，把一种金属变成另一种金属便成为可能。把化学观点跟占星学观点联系起来，这种做法很诱人，也很容易。帕拉塞尔苏斯曾试图给化学设置新的任务，并使之成为一门科学训练，但他的神秘主义误导了他的很多追随者。

情况在物理学中有所不同。物理学的基础是数学。伽利略死于 1642 年，物理学领先于化学一个世纪。1628 年，威廉·哈维在描述血液循环的时候证明：生理学的难题，可以通过应用物理学的法则从实验上得到解决。我们将在下一章中更详细地讨论他的工作。哈维的发现，一旦被接受，便给人留下了深刻的印象。如果说，物理学可以解释血液的运动，那么很有可能，它也能解释其他生物过程，甚至是病理过程。

整个 17 世纪，医生们都在积极探索健康和疾病中的生物机能。笛卡尔的哲学非常有力地影响了他们。这些物理医学派学者所遇到的麻烦是：他们太急躁。哈维之所以伟大，不仅仅是因为他做出了一项伟大的发现，而且还因为他知道自己的局限性。他一劳永逸地解决了一个难题，他有勇气把其他的难题留给别人去解决。他只解释他能够通过实验证明的东西，不羞于承认他没有其他问题的答案。这使他成为一个真正的科学家。

　　他的大多数追随者则完全不同。他们极力要建立完整的体系，能够自圆其说地解释健康与疾病的所有现象。当他们把牙齿说成是切割食物的剪刀和磨碎食物的磨石时，他们距离事实并不太远，因为这是一项简单的功能，很容易被证明。但是，当他们把肺说成是一对风箱，或者把肠子说成是筛子的时候，他们其实是在比喻，是在沉湎于猜想。

　　因此，发生在物理医学派学者们身上的事情，跟化学医学派学者们并无不同。他们使用了新科学的概念，对解决细枝末节的问题做出了一些贡献，但本质上，他们的研究方法是哲学的，他们建立的体系是短命的。

　　医学科学进步缓慢，依然有数不清的问题留待解决。这令人很不满意，因此，所有时代的医生都倾向于用哲学思考来弥补其科学知识的不足。

　　所有的哲学体系都在医学中有所回响，正如医学和科学的经验在哲学上有回响一样。当我们回顾过去几个世纪所取得的发展的时候，我们发现，两种基本方法始终在互相竞争。一边是我们宽泛地称之为唯物论者的那些人。随着科学的进步，人们发现，构成人体的元素，与构成无机物的那些元素是一样的。1828 年，化学家弗里德里希·维勒已经能够用合成的办法在实验室里生产出尿素，而无需利用肾脏。他就这样拆毁了有机化学与无机化学之间的屏障，并证明了动物生物体所生产的有机化合物，本质上跟其他化合物并无不同。有一点变得越来越明显：生命的很多机能要么是物理过程，要么是化学反应。随着知识的不断增加，物理学与化学之间的分界线实际上几乎被消除了。

这种唯物主义的研究方法极其多产。打那之后人类所取得的大多数进步都有它的功劳，即使是那些笃信宗教的科学家，当他们进入实验室的时候，也完全忘掉了他们的唯灵论，而遵循唯物论的路线来进行他们的研究。很多生理学和病理学问题都是以这种方式得到阐释的，但还有一个问题依然没有解决，这就是生命本身的问题。死的食物如何变成了活的物质？生物体如何从一颗受精卵发展

◆ 中世纪的医生与患者

出来？是什么力量使得细胞可以恢复受损的组织？

我们没有理由急躁，科学依然非常年轻。200年前，电还几乎不为人知；今天，我们不仅广泛地使用电，而且，它还使得我们关

于物质结构的观点彻底改变。100 年前，有机化学才刚刚起步；如今，我们不仅熟悉了，而且还人工合成了数不清的有机物。化学正在成为微量化学，我们开始观察无穷小的物质，甚至研究单分子的效用。最近对病毒形成的研究，正在开拓新的地平线。我们确实没有理由怀疑，总有一天，从科学上解决生命问题是完全可能的。

然而，在所有时代，人们一直都很急躁，并创造出了一些概念，以解释他们的知识解释不了的东西。亚里士多德区分出了拥有生命的和不拥有生命的自然物体。他所说的生命，指的是自我滋养的能力，以及独立生长和腐烂的能力。他认为，一个物体之所以是活的，乃是因为它被赋予了一种要素，他称之为"灵魂"（psyche）：植物的灵魂负责营养和繁殖，动物的灵魂控制运动和感知力，理性的灵魂是人所特有的，并使之成为一个有意识的、有智慧的存在。亚里士多德是个活力论者，此外还是个目的论者，因为他认为：身体的每一个部分都是为了某个目的而被创造出来的，每一个器官都是为了一个单独的功能，作为整体的身体则是为了灵魂而存在。类似地，盖伦及其追随者们都相信生命的要素，他们称之为精神。

当亚里士多德和盖伦的权威逐渐衰落、机械论的观点主宰生物学的时候，生机论便复活了。1748 年，拉·梅特里出版了《人是机器》（*L'Homme Machine*），这本书以最粗糙的方式把人解释为机器。1759 年，卡斯巴尔·弗里德里希·沃尔弗撰写了《生成理论》（*Theoria Generationis*），书中，他攻击了机械论者。他相信那种使生物体生长发育、生产并启动身体这台机器的"本质力量"（vis essentialis）。1789 年，随着 J．F．布卢门巴赫的专著《论生成的

◆ 亚里士多德

冲动》（*Uber den Bildungstrieb*）的出版，生机论达到了它的顶峰。布卢门巴赫给三种传统的生命力——收缩、兴奋和感知——增加了第四种生命力：生成冲动（*nisus formativus*）。它生成有机形态，并在它毁损之后使之再生。

19 世纪初，生机论在德国找到了肥沃的土壤，那是浪漫主义和自然哲学的时期，医学正沉湎于哲学思考的狂欢。正当法国医生在患者的病床旁研究疾病、在自己的实验室里解剖尸体的时候，德国医生却端坐在书桌之旁，撰写他们的皇皇巨著，论述疾病和大千世界的特性。这一时期出版的几本书的标题，反映了作者是以什么样的精神来撰写这些书的：《比较理想主义病理学》《疾病结构的观念》《水土致病的体系》《论康复艺术的内在结构》《医学哲学史初探》《通俗医学哲学及其历史》《源于自然形而上学的公理应用于化学和医学的课题》《医学的二元体系》，等等。

就在撰写这些书的同时，法国人拉埃奈克出版了论述听诊和胸腔疾病的经典著作。1740 年代，德国总算走出了这场噩梦，在赫尔姆霍茨那里，医学来了个急转弯，转向了实验室。德国医学从未有过一次稳步向前的发展，它总是从一个极端走向另一个极端。这既是它的缺点，也是它的长处。阿尔布莱克·冯·哈勒曾经说英国人的那番话，用在德国人身上更加合适："这个民族不管做什么，总是做到极致，好事如此，坏事亦如此。"

在经过一段时期的哲学理想主义和天马行空的猜想之后，德国在费尔巴哈、马克思、恩格斯、沃格特和毕希纳那里有了一段唯物主义的时期。德国的医学变得极其科学，很快就在世界上有了首屈一指的地位。钟摆又摆回来了。汉斯·德里希、冯·尤克斯库尔及其他人发展出了新活力论。新希波克拉底主义、新帕拉塞尔苏斯主义及其他的类似玩意儿，本质上是浪漫主义的、神秘主义的学说，纷纷走上了前台。它们是希特勒主义的先驱。德国再一次被神秘主义的浪潮所吞没，但它还会从中走出来，就像在过去一样，而且不难猜测，反动会采取什么样的方向。

历史告诉我们，一个国家的政治哲学总是对它的科学发挥着重大的影响。医学是一门理性的学科，因此，当基础哲学是神秘主义的时候，它不可能繁荣，中世纪就是这样的情形，德国的浪漫主义时期也是如此。如今，在法西斯主义的治下，情形再一次是这样。把医学从法西斯国家的崩溃中拯救出来的，是它们的帝国主义计划。现代战争是一件高度科学化的事情。

◆ 恩格斯

全面备战的需要，在某种程度上使得法西斯主义的医学脚踏实地，防止了它迷失于神秘主义的猜想之中。

另一方面，在那些基础哲学是理性主义的地方，医学科学总是有最好的发展机会。美国的情形就是这样，这个国家乃是建立在18世纪理性主义的基础之上。

医生不应该害怕从事哲学研究。如果他不想仅仅做一个狭隘的专家，就必须以更宽阔的视角去看待医学，必须知道医学在我们的知识体系中所占据的位置。如果他是一个真正的科学家，他的思考就会受到约束，他就不会让自己迷失于不着边际的猜想中。

第8章

医 学 科 学

在上两章中，我们讨论了疾病的宗教解释和哲学解释。科学的方法是向前跨出去的一大步，因为它给了医生一个坚实的基础。疾病可以按照哲学的理论、以一种能满足好奇心的方式来做出合乎逻辑的解释；但是，当我们开始在实践中检验哲学理论的时候，医生常常陷入困境，举步维艰。医学是一门技术，一门手艺。医生的任务，不是要解释他所生活的这个世界，而是要保护和恢复患者的健康。他必须有一套跟现象的多样性相关连的理论，但理论必须与实践相适应。它必须给医生以指导，必须让他在治疗病人上更有效率。

17 世纪，物理医学派在乔吉奥·巴格利维那里达到了它的巅峰。物理医学为他提供了一套理论，满足了他对因果关系的需要。然而，他曾坦率承认，当他给患者治病的时候，他遵循的是希波克拉底的法则——这些法则乃是建立在完全不同的理论基础上。换句话说，巴格利维的理论对作为医生的他来说毫无价值。任何时候，只要理论与实践之间存在这样的断裂，医学就不会进步，医生所能

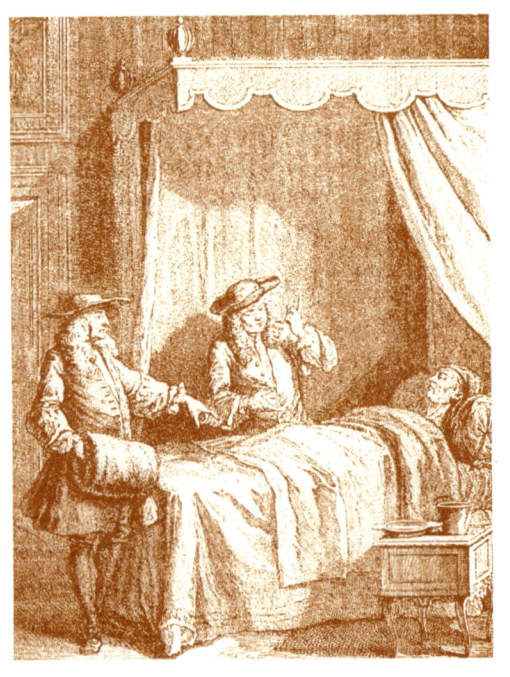

◆ 8世纪法国的医生与患者

做的一切，就是照经验行事。

毫无疑问，在医学中，经验意味着很多。药理学的理论已经改变，但数千年来，蓖麻油却一直被有效地使用着。金鸡纳皮和毛地黄都是深受欢迎的药物，医生凭借经验使用它们。然而，当医学有了一套科学的药理学理论的时候，它就不仅能够解释公认药物的疗效，而且还能系统化地发现新药。类似的经验教给我们：疟疾发生在沼泽地附近。理论是：在夏秋两季，沼泽地里冒出了有害的蒸发物。这是一个逻辑假设，而不是科学事实，因为一直没有人能够捕捉或分析这些蒸发物。这个理论是错的，然而它却是有帮助的。在这一理论的基础上，从16世纪至18世纪的教皇们排干了彭甸沼地的部分地段，效果相当不错。然而，科学的事实一旦确立，人们一旦知道：是一种由蚊子传播的微生物导致了疟疾，我们就能够更加系统化地抗击这种疾病了。

医学科学的发展非常缓慢，因为它依赖于其他科学的发展，是查尔斯·辛格所说的"机器世界"的组成部分，步步为营，非常缓慢。任何时候，医学科学都不能提供一套完整的、逻辑自洽的体系，像古代的理论那样。很多问号一直留到了今天，但每一次科学进步，都是一次永久性的进步，使得医学离它的目标更近了。

疾病彰显在被扰乱的生理机能中。因此，有必要首先研究正常的生理机能，然后才有可能建立起一套新的、科学的病理学。换句话说，病理学必须以新的生理学作为先导。由于机能只不过是器官的生命彰显，那么，要想发展出新的生理学，就必须首先奠定新的解剖学基础。此事发生在文艺复兴时期，并因此标志着医学新纪元的开端。

◆ 解剖学先驱安德里亚斯·维萨里

1. 解剖学

当然，解剖学早在文艺复兴很久之前就已经存在。任何人，只要他为了烹调或献祭的目的而切开过动物的身体，他就具有一定的解剖学知识。希腊人探究过动物有机体的构造，正如他们研究大自然的其他对象一样。他们切开过种类繁多的动物，并且，在亚历山大城，有人曾切开过人的尸体。据传说，他们甚至对动物进行过活体解剖。然而，希腊的解剖学，正如它被传承到中世纪时那样，主要是动物解剖学。

◆ 艺术家莱昂纳多·达·芬奇的画像

自 14 世纪初开始，大学的医学院里公开解剖人的尸体。这些解剖不是为了研究的目的，而是作为示范。对传统权威的信任依然坚定不移，据说，古代的解剖学不可能被改良。到了 15 世纪末和 16 世纪，随着怀疑论的兴起，当新态度的发展导致了对既定权威的公开抵抗时，情况发生了改变。人们发现，古代解剖学所描述的是动物的构造，而不是人的构造，而人才是人文主义者们最感兴趣的。他们渴望了解人，既然传统辜负了他们，他们就不得不自己承担其探索的任务。艺术家和医生——像莱昂纳多·达·芬奇和安德里亚斯·维萨里这样一些人——走在了前面，一具接一具地解剖尸体，用钢笔和铅笔描述他们的发现。

新的描述性人体解剖学创立了。1543 年，维萨里在巴塞尔出版了《论人体构造七书》（*De Corporis Humani Fabrica Libri Septem*）。维萨里清楚地知道，他做出了一项重要贡献，但这本书的重要性，远远要比他自己所认为的大得多。它不仅对人的身体给出了比从前任何作品更完整、更准确的图像，而且，它还成为科学医学的奠基石。而这种科学医学，正是建立在解剖学基础之上的。

整个 16 世纪，解剖学研究如火如荼地展开，人们对身体构造的了解越详尽，就越想探索器官的目的和功能。古代的生理学理论解释了生命的现象，但越来越多的医生按照解剖学的理论来思考，把身体看作一台机器，每个器官都是一个零部件。任何一种在解剖学上不可能成立的理论都不再被认

◆ 维萨里在解剖人体

为是令人满意的。解剖学逐渐从一门静态的学科，变成了一门动态的科学——anatomia animata（拉丁文：活体解剖学）。

当哈维在 1628 年描述血液循环的时候，生理学的转折点出现了。为了充分理解其发现的完整意义，我们必须记住：关于血液的运动，传统的理论抱有什么样的观点。所有生理学的出发点都是这样一个基本的观察结果：像食物和空气这样一些自然物当中，有一

◆ 威廉·哈维

些生命所必需的物质。如果没有食物，生物体就会饿死；如果没有空气，它就会闷死。但人们还发现，人体内有一种物质一定也是生命所必需的，因为它出现在整个生物体内，这就是从每一个创口中流出来的血液。生理学便从思考这些物质之间的关系开始。

在哈维之前主宰生物学的理论源自盖伦，他认为：食物在胃里被消化，然后向肠转移，再通过静脉进入肝脏。在肝脏，食物被转变为血液，被注满自然的精气，这种成分据说是控制身体的某种机能，我们如今称之为营养机能。这种暗色的肝脏血液，部分流进了整个生物体，部分通过腔静脉进入右心室，在那里做进一步的分配。这些血液的一部分进入肺，在那里卸下身体的废料。这解释了呼出的气为什么不同于吸入的气。血液的另一部分通过心脏的隔膜，进入左心室，在那里跟肺静脉中来自肺部的空气混合。这种空气和血液的混合物生成控制动物机能的生命元气。它还产生由呼吸来调节的身体温度。这解释了为什么当我们由于工作或发烧而导致身体过热时呼吸会更频繁。来自心脏左侧的血液——它是一种亮色的血液，不同于来自肝脏的暗血——流经动脉，进入生物体，一部分进入大脑，在那里它被注满控制神经功能的动物精气。

这是一套非常全面的理论，从逻辑上解释了血液、食物和空气之间的关系，并提供了一套貌似无懈可击的体系。它是定性的，借助推测的手段源自于非常正确的观察材料。

哈维的方法完全不同。他是一个解剖学家，不仅解剖过人体，而且解剖过各种动物，死的和活的。按照传统，他是亚里士多德的传人，跟伽利略是同时代人。用力学的方法思考，他发现，心脏的隔膜是一块固体的肌肉，血液不可能通过它。他认识到，心脏收缩是血液运动的积极要素，随着每一次收缩，心脏把血液注射进动脉。接下来，哈维问了自己一个问题——他的这次提问标志着一个新的起点，他问道，随着每一次收缩，有多少血液离开了心脏？他发现，大约是 2 盎司。换句话说，按每分钟 72 次心跳计算，一小时从心脏射出的血液总量便是：$72 \times 60 \times 2 = 8640$ 盎司。这是身体重量的三倍。于是，哈维得出结论：通过动脉从心脏射出去的血液，通过静脉做循环运动之后，又回到了心脏。这是一个合乎逻辑的结论，通过一系列的实验，哈维终于能够在科学上证明它是正确的。

哈维的理论有一个重要的缺陷。毛细血管迄今尚不为人知，在设想必定有一条通道让血液从动脉流入静脉的时候，哈维利用了一个假说。他之所以能够有把握地这样做，乃是因为他的理论是建立在数学证据的基础之上。事实上，毛细血管是在几十年之后由马尔皮基在显微镜的帮助下发现的。

哈维的理论远没有盖伦的理论那么完整周全。它没有解释食物和血液之间的关系，也没有解释呼吸的功能。他把自己局限于解决

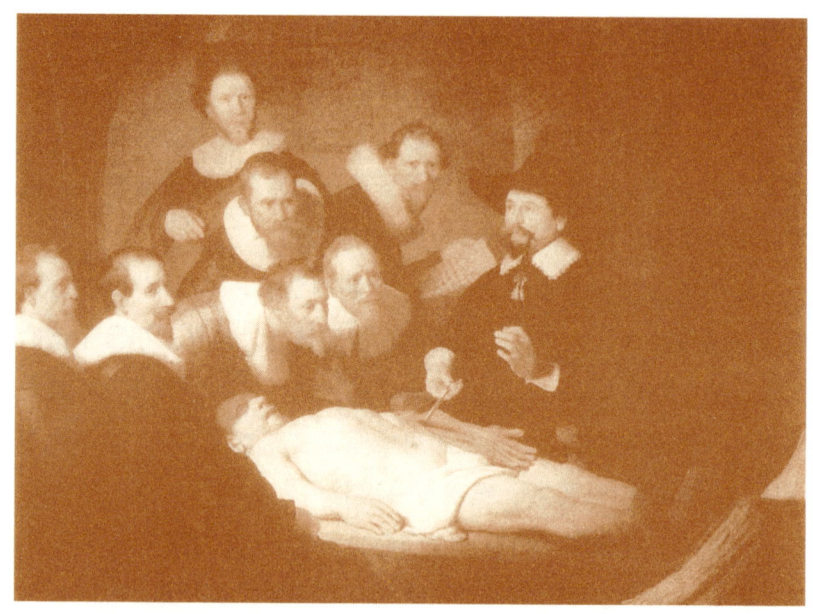

◆ 解剖课（伦勃朗画，1632）

一个他能够通过实验和数学的方法予以攻克的难题。他一劳永逸地解决了这个问题，其他的问题则留待进一步的研究。这才是科学的步骤。

解剖学和生理学迄今尚未构成一套新的医学体系。在 17 世纪，疾病依然是按照传统方法——换句话说就是哲学方法——来解释，即使当医生们使用了新科学的概念的时候，也依然如此。然而，解剖学和生理学的发展，带来了更详尽的关于身体的构造和功能的知识，并逐渐使研究疾病问题的科学方法成为可能。接下来的一大步是在 1761 年迈出去的，当时，莫尔加尼出版了他的《论疾病之部位及原因，用解剖学方法所做的研究》（*De Sedibus et Causis Morborum per Anatomen Indagatis*）。

在解剖病死者的尸体的时候，解剖学家常常发现一些异常情况，比如粘附、溃疡、肿瘤和结石等等。莫尔加尼着手把这些发现跟患者生病期间所观察到的疾病症状联系起来。他建立了一套医学研究的方法，从那时到现在，这套方法一直被成功地使用着，这就是：把临床病史数据跟尸检报告进行比较对照。他于是得出结论：疾病可以被定位，它是有部位的，它存在于某个器官里。病变的器官在构造上不同于正常器官，由于它们的构造不同，它们的功能也就不同；这种异常的功能导致了疾病症状的出现。结构损伤的特性，决定了何种疾病占上风。

后来，在19世纪初，疾病被追溯到了组织（比沙）；再后来，1858年，被进一步追溯到了细胞（魏尔啸）。

像生理学一样，病理学也借鉴了解剖学的方法。这种新方法，尽管留下了很多的问题尚未解决，但它依然标志着一次巨大的进步。疾病实体

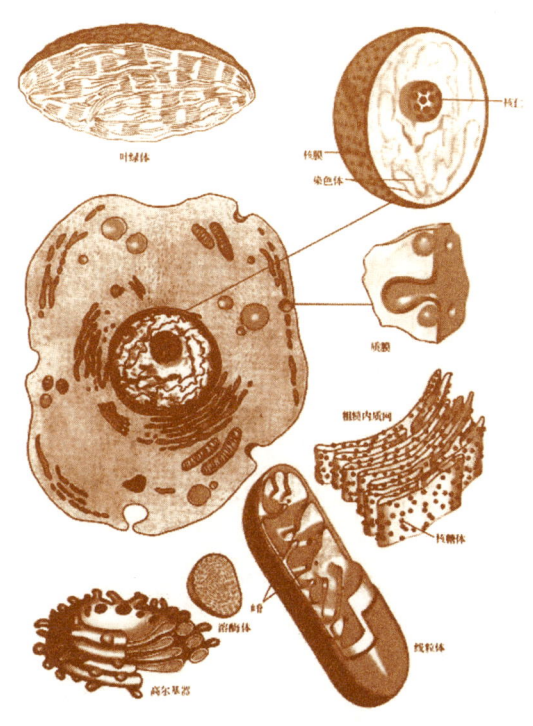

◆ 细胞

如今可以更明确地予以定义。像肺炎、胃溃疡、肝硬化、子宫癌这样一些疾病，不仅以一组临床症状为特征，而且还以一些典型的解剖学变化为特征。病理解剖学，除了它在科学上的巨大好处之外，还有着巨大的实践意义。如果医生能找出患者身上所发生的解剖学变化，他就能够比过去更准确地诊断疾病。正确的诊断，给了他宝贵的指引，使他能够更准确地预测疾病的结果，尤其是在统计学方法被广泛应用于临床领域之后。在很大程度上，诊断还决定了接下来应该遵循的治疗方法。

这种新的态度，还促进了一些物理诊断方法的发展，比如叩击和听诊。通过敲击胸部，通过聆听心跳声和呼吸声，医生可以对这些器官的解剖情况形成自己的看法。一些精巧的仪器——比如眼膜曲率镜和喉镜——被发明了出来，使得医生可以直接查看器官、观察病变。电子管镜被插入身体的所有腔洞中，医生的眼睛于是能够洞察支气管、胃、十二指肠、膀胱和直肠。这一发展的巅峰之作，是 X 射线被应用于诊断。X 射线使得人体的几乎所有部位都能够被眼睛所探查，可以通过摄影成像的方法来查看和记录解剖学变化。

当我们审视科学医学自文艺复兴以后所取得的发展时，我们可以看到，解剖学在新的体系中占据了一个中心位置。解剖学方法在 17 世纪进入生理学的领域，18 世纪进入病理学，19 世纪初进入临床医学。至此，只有一个医学领域尚未被这一新方法所触及，这就是治疗学。疾病的治疗依然遵循传统的路线，进步非常之小。凭借经验，几种有效的新药得以采用，但总的来说，19 世纪初的疾病治疗，几乎不比希波克拉底时代更先进。鼎鼎大名的维也纳学派，以其疗法虚无主义而著称。据说，这一学派的医生们只有两次对患者感兴趣：诊断疾病的时候，以及解剖尸体的时候。

很明显，解剖病理学将会使得解剖治疗学成为必要，这解释了外科学为什么自 19 世纪中叶之后取得了如此巨大的发展。外科是一门手艺。从古代起它就缓慢而稳定地发展，得益于每一次解剖学和技术的进步。事实上，外科教授和解剖学教授通常是同一个人。在 19 世纪初，外科依然局限于少数经典手术，当内科治疗不可能或者没效果的时候，才会让外科手术派上用场。然而，医生一旦按照解剖学的概念来想象疾病，他们对外科的态度就会改变。外科不再是最后的庇护所，而是在治疗学中占据了一个主要位置。外科医生通过切除溃疡或肿瘤，多半就消除了疾病本身，因此纠正了器官的解剖学结构。这种对外科手术的态度改变，解释了一直阻碍外科进步的两个主要障碍——疼痛和继发性感染——为什么通过引入全身麻醉和消毒而被克服了。外科医生从一个经常被人瞧不起的手艺人，摇身一变，成了疗效最显著、因此也最受欢迎的医学专家。

到 19 世纪末，就连药理学也在某种程度上变成了解剖学的。医生不再是纯粹凭经验给药，因为他们发现，某些化合物对人体的特定细胞有着非常明显的亲和力。在给药的时候，医生可以专门针对明确的器官或组织。

在一个接一个地征服了很多的医学领域之后，这一轮解剖学周期走向了终结。解剖学依然是并且会继续是医学的基础，解剖学上的考量始终扮演着一个重要角色。但今天我们主要从功能的角度进行思考，我们发现，我们正处在一轮新的、生理学的周期中。

◆《圣·泰克尔为遭受鼠疫的埃斯特城向上帝乞求（局部）》，詹巴蒂斯塔·提埃波罗（1696–1770），意大利古典主义洛可可时期绘画，帕多瓦埃斯特大教堂。

2. 致病物质是活的

病理解剖学能够解释很多东西：它显示了肺炎病例中肺部所发生的变化，以及这些变化如何决定了疾病的症状，但它解释不了究竟是什么导致了肺炎。

急性传染病，尤其是流行病，总是以其特有的方式吸引人们的关注。另一些疾病可以被理解为个人的错误饮食或不良生活方式的结果。但就流行病来说，大规模的不同人群——有男有女，有老有少，有强有弱——同等地被同一种疾病所侵袭。一旦宗教的解释被抛弃，医生便开始寻找自然的原因，他们把责任归咎于人所处的环境——尤其是宇宙、地球和大气的环境。当某种流行病的成分在大自然中占上风的时候，人就容易患上这种病。

但接下来，人们还看到，流行病通过人与人之间的接触来传播。这一点在鼠疫大流行期间尤为明显。任何人，只要接触过病人，哪怕是接触他的衣服，往往也会感染。从这样的观察中得出的结论是：必定存在一种致病物质，一种可以在病人的身上、在他的排泄物以及他直接接触的物体上找到的物质。中世纪的流行病学措施目的就是要消灭这种物质。但它的特性是什么呢？

寄生现象在最早的古代就被人们所熟知。蛔虫在东方很常见，可以在人和动物的排泄物中看到。17 世纪，显微镜打开了一个微生物的新世界，它们小到了肉眼无法看到的程度，比如列文虎克在自己的舌头上找到的纤毛虫，甚至还有细菌。传染性物质是否可能是活的呢？是不是由这种微生物组成呢？几个世纪以来，这个问题一直悬而未决。

◆ 雅各布·亨勒

1840 年，德国解剖学家雅各布·亨勒出版了一部病理学专著，其第一部《论瘴气和传染物》（*On Miasmata and Contagia*）成了一部经典。亨勒并没有见到致病微生物，但他推导出的结论是：致病物质必定是活的，这一论点的逻辑性无可辩驳。在那年头，人们依然在瘴气和接触性传染物之间做出传统的区分。瘴气是从外界侵入器官的致病物质。疟疾是典型的瘴气疾病，它总是从外部获得的，从未通过跟病人的直接接触而感染上。另一方面，接触性传染物指的是这样一种致病物质：据信它由染病的生物体产生，并通过接触传播疾病。梅毒是一种接触性传染病，因为它只通过接触获得。然而，大多数流行病被认为是瘴气——接触性传染病，换言之，它们既可以从外部获得，也可以通过接触获得。

亨勒认为，如果瘴气和接触传染物可以导致同一种疾病，那么，它们必定是完全一样的东西。于是，他进一步得出结论：它们必定不仅是有机的，而且还是活的，因为一种死的物质在病人身上总会被耗尽，而致病物质恰恰相反，它们按照寄生物的方式在病人体内生长和繁殖。人们从前就认识这样的物质。1835 年，卡尼亚尔·德·拉托尔证明了导致酒精发酵的酵母并不是一种死物质，而是一种真菌。有一点变得很明显：这样一种真菌的生命活动可以导致很大的化学变化。

这是一个新起点，20 年后，巴斯德的工作就是从这里开始的。在研究各种不同类型发酵的过程中，巴斯德发现，另外一些真菌——细菌——的效果跟酵母的效果类似。他能够证明细菌的无处不在，他发现，其中很多细菌是致病的，它们通过侵入生物体从而导致疾病，并像寄生物一样靠生物体为生。1876 年，罗伯

◆ 路易·巴斯德

特·科赫描述了导致炭疽病的细菌的生命周期。关于接触传染物的性质不再有任何怀疑，一种接一种微生物被发现是某些疾病的病因。

细菌学并没有解决传染病的所有问题。有人发现，有些疾病是由更小的媒介物导致的，它们能通过最细密的过滤器，这就是所谓

的病毒。这些病毒由大蛋白质分子组成，尽管它们提出了很多尚未解决的难题，但成功地攻克很多病毒疾病还是有可能的。

所有这些发现，其意义是巨大的。传染病的直接原因一旦被人们所认识，从根本上打败传染病就成为可能。卫生学和公共卫生体系被置于一个新的基础之上。外科学终于摆脱了继发性感染的噩梦。随着疫苗和血清的出现，给人接种免疫以抵抗越来越多的疾病便成为可能。在最后一章中，我们将更详细地讨论这些发现对人民健康的影响。

◆ 罗伯特·科赫

3. 化学疗法

我们前面已经提到过，化学在18世纪末成了一门定量科学的时候，有过一次巨大的革命。此事恍如昨日，在短短150年的时间里，化学，或者毋宁说是医学化学，已经使我们的生活发生了革命性的变化。千百年来，人类一直依靠大自然提供的原材料、依靠农业产品来满足某些最基本的需要。今天，我们能够利用空气中的氮来制造化肥。我们不再完全依赖大自然的石油储存，而是能够通过合成生产汽油。我们能够用酒精、石油及其他合成化学品来生产橡胶。我们在实验室里生产用于纺织品的纤维。我们能够制造合金和塑料，它们不仅仅是自然产物的替代品，而且还是新的人工材料，在很多方面比自然材料更高级。新的技术已经崛起，没有人给医学化学家的努力设限。

在生物学中，化学开辟了生理学和病理学的新领域，使得研究健康和患病生物体的新陈代谢成为可能。有人设计出这样的试验，使我们能够对不同器官的功能条件形成一个清晰的概念。借助生物化学，过去以经验为依据的营养学如今成了一门科学，生物化学还解释了很多与激素和维生素的功能有关的不明疾病的原因和机制。但是，生物化学所做的，远远不止解释疾病，它还为预防和治疗疾病提供了新的手段。

化学最终成了新药理学的核心，后者研究的是化合物对正常和患病生物体的作用。药物学能够发现身体的某些部分与某些化学基之间的亲和性，我们如今能够系统地生产这样的化学物质：它们具有我们想要的效用。

眼下，化学疗法正在产生令人印象深刻的效果。细菌学解释了传染病的病因，并给出了保护个体的重要方法。但是，当一种疾病控制了一个人的时候，医学在很多情况下帮不上什么忙，每年有成千上万的人死于诸如肺炎、脑膜炎或产褥热之类的疾病。20 世纪初，保罗·欧利希开始系统地寻找能杀死细菌，同时又不会损害宿主的化学物质。1910 年，他生产出了洒尔佛散，这种化学物质被证明对某些原生动物有非常好的效果，比如螺旋菌和锥体虫。但我们的主要敌人——细菌——一旦在我们的身体里牢牢地站稳脚跟，似乎就能够抵抗化学药品，直至格哈德·多马克发现了偶氮磺胺的作用，它后来得以发展，并被称为"磺胺"。此事发生在 1935 年，仿佛就是昨天，在此后的几年时间里，数十种高效药物相继问世。在不远的将来，有望发现更多这样的药物。

细菌学与化学成了抵抗传染病的主要武器，而借助生物化学，我们有望解决更多的病理学难题。如今，儿童和青少年的急性疾病逐渐减少，越来越多的人可以安享晚年，而成人和老年人的慢性疾病——劳损疾病——则愈显突出。在美国，心脏和循环系统的疾病是主要的死亡原因。我们对这些疾病有相当多的了解，但还不够。如果生物化学能够解释它们更微妙的机制——没有理由怀疑它不能这样——我们或许就能够预防它们，或者至少是推迟发病。

◆ 保罗·欧利希

癌症依然是一个尚未解决的难题。癌症的发病率与人口的老龄化程度成正比。尽管很多早期的病例可以通过外科手术、X 射线或镭放射等方法来治疗，但大规模攻克癌症依然是不可能的，除非我们了解了它的病因及发病机理。要不是我们不得不面对一个至今被我们所忽视的生物学原则的话，生物化学或许也可以解决这个问题。癌细胞的生物特性非常难以理解，因为它的反应完全不同于其他所有细胞。在一个分化的生物体中，细胞构成了一个社会群落。它们被专门化了，并以一种完美的方式互相合作。癌细胞是以自我为中心的。它我行我素，有自己的新陈代谢，像寄生物一样，以损害生物体为代价使自己茁壮兴旺，消灭生物体，并在这个过程中让自己同归于尽。这违反一切规则，因此很难想象。

当我们回顾医学科学的发展的时候，必须承认，过去一百年里所实现的进步是巨大的。它与其他科学的进步相一致，利用了物理学、化学和生物学中的每一次发现。进步是稳定的，如果我们想了解过去几十年里医学所实现的进步，我们只需阅读奥斯勒 1892 年出版的那本教科书的第一版，并把它跟我们最近的知识比较一下。然而，我们一定不要忘了，如果没有此前几个世纪的工作，最近 100 年所取得的进步是不可能的。它们代表了长期而艰巨的发展的顶点。

100 年前，只有为数寥寥的几家医学研究中心。如今，世界各地有数以万计的科学家在从事这项工作。正如我们的整体经济一样，这一领域也存在大量的浪费，每年要花数百万美元用于研究。缺乏计划，缺乏合作，但基础是广泛的，花在这项任务上的智力和能量如此巨大，我们完全可以指望得到更多的成果。

疾病的科学解释依然非常年轻。我们依然有巨大的空白，我们深知，今天的真理明天很可能是谬误。然而，我们完全可以满怀信心地面对未来，因为我们用来填补知识空白的，不是宗教的梦想，不是哲学的沉思，而是科学的事实。当我们利用眼下正在发挥作用的臆测的时候——正如我们一直所做的那样——我们深知，它们都

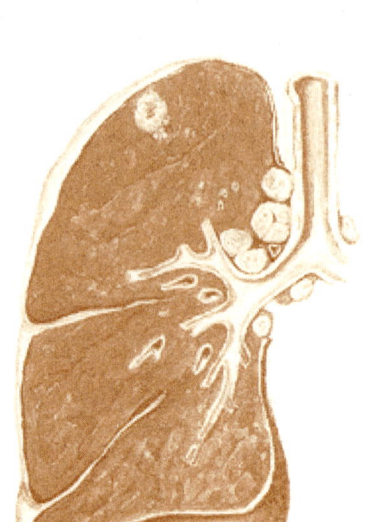

◆ 肺结核是由结核杆菌引起的肺部慢性肉芽肿性传染病

是假设，而且，只要有新的事实可以作为论证的依据，我们就会欣然抛弃这些假设。

随着时间的推移，对科学事实的评估和解释无疑会有所改变。那些今天看上去必不可少的因素，明天很可能被认为是次要因素。我们可能会发现：就肺结核的病源来说，体质因素比结核杆菌更为重要。但不管怎么说，下面这个事实依然不可改变：如果没有结核杆菌，就不会有肺结核。

我们目前的疾病理论依然非常原始，随着时间的推移，新的理论肯定会建立。一旦我们对物质的结构、器官生命的医学化学和神经刺激的特性有了更多的了解，我们必将有崭新的前景，但无论何种理论得以发展，它都会利用我们眼下的科学事实。

疾病的医学解释是一个梦；哲学解释是一幅画。当你对它感到厌烦的时候，可以把它束之高阁，科学解释是一幢大楼，它的每一块砖石都可以用来建造另外的建筑。医学科学尽管年轻，但它使我们对未来更加乐观。医学的终极目标——彻底根除疾病——尽管相当遥远，但它不再是遥不可及的乌托邦。

第9章

虚构里的真实

1. 作家的世界

历史的书写是一个艺术过程。历史学家是所处社会中的一员，他生活于其中，分享着它的希冀和恐惧，它的愿望和挫败。在强烈的兴趣和压倒性冲动的驱使下，他着手求教于过去——不是整个过去，而是某个时期，一系列的事件、人物和问题。他很想知道，事情看上去是什么样子，为了这个目的，他搜集所能找到的一切文献。它们成了原始材料，他向它们提出问题，让它们开口说话，试着理解和解释它们。逐渐地，已经死去很久的过去的一个时期、事件和人物，在他看来都是活的，他渴望通过生动的文字和文学的形式与其他人分享这一经验。他再现了过去，并因此使得历史的书写成为一个艺术的过程。

作家埃米尔·左拉曾经把艺术定义为"la nature vue par un tempérament"（法语：通过个人气质所看到的自然）。同样，我们可以把历史定义为"通过个人气质所看到的过去"。正如艺术家把他所看到的和感觉到的传递给他人一样，历史学家则把自己的经验传递给他人。这一经验或许令人兴奋，也许会驱使人行动。通过历史学家的工作，那些无意识的发展和趋势获得了新的意义：人们开始知道它们，这种知晓可能决定他们的行动路线。正是因为这一点，历史才绝不会是死的，相反，它是最强大的生命驱动力之一。

也正是因为这一点，所以说，历史书写是一项责任重大的工作。历史学家必须服从历史研究方法强加给他的铁的纪律。这些纪律给他的解释设置了明确的限制，禁止他把某些行为或言辞归到某个人的名下，除非他有文献证据可以证明他的结论。如果他要描述一个病例，他必须在文献记录的基础上这样做。他所给出的过去的图画必须是真实的，因为只有真实的历史才是多产的；伪造的历史，不加鉴别地、轻浮草率地或为了宣传目的而撰写的历史，始终是破坏性的。就在此时此刻，我们目睹了人的心理所带来的曲解，及其建立在虚假历史考量基础上的政治哲学所导致的致命后果。

诗人、小说家和戏剧家也再现了世界的方方面面。如果他们希望有说服力的话，这些再现也必须是真实的，但跟历史学家比起来，他们享有更多的自由。他们可以创造人物，而历史学家则只能再现人物。

作家总是从自己的经历出发，记下他所看到的，以及他所感觉的或思考的。他看到了疾病，并注意到，严重的疾病很可能成为一个人生活中的转折点。他本人经历过疾病，因为每个人都在这样那样的时候受到过疾病的困扰。很多伟大的作家都患过肺结核，不妨仅举几例：雪莱、济慈、沃尔特·惠特曼、莫里哀、梅里美、契诃夫、陀思妥耶夫斯基。对某些人来说，比方说席勒吧，疾病是他极力要战胜的一个障碍。而对另一些人来说，比如玛丽·巴什基尔采娃，疾病则是他一生中的核心经历，决定了其作品的品格。

有些医生成了著名的诗人、小说家或戏剧家，他们的人数也不少。这份名单包括哈勒、契诃夫、施尼茨勒、杜哈梅尔、韦尔·米切尔、约翰·拉斯伯恩·奥利弗、A．J．克罗宁及其他很多人。对他

◆ 契诃夫曾经是个医生

们来说，表现医学问题或者以疾病及其导致的痛苦为主题难道不是再自然不过的事情吗？

由于所有这些理由，有一点就非常明显了：从遥远的古代到我们今天，有无数的文学作品，从中我们可以找到对病人和疾病的描写，但开列它们的目录并不是我们的目的。此外，关于这一主题的可用文献十分广泛，因为大多数经典名著都被有文化修养的医生们用手中的铅笔仔细批阅过。他们把跟医学有关的段落摘录下来，写出了关于它们的论文和专著。或者，他们研究了文学家们所患过的疾病，以及他们的作品所受到的影响。在这简短的一章中，我们不得不局限于对这个主题略做一般的考量，并将特别讨论一下：一个作家为什么要把疾病引入他的作品中，以及他如何描绘疾病。

　　一般而言，疾病并不是一个好的文学主题。在中学里，我们不得不写关于个人经历的作文，老师总是警告我们不要写我们的麻疹、百日咳或猩红热。他说，诸如此类的疾病，对我们来说当然是一段重要的经历，但详细描述它是令人厌烦的，其他人不会有兴趣。此外，它也没有什么独创性可言，因为成千上万的孩子都有过同样的经历。

　　这是一个很好的忠告，事实上，除了我们即将讨论的自然主义流派之外，作家们通常都是简略而笼统地描写疾病，而不会写到那些跟疾病有关的令人反感的细节——放血、腹泻、呕吐，等等。作家所感兴趣的，并不是疾病本身，而是它对个体生命的影响。

　　在托尔斯泰的长篇巨著《安娜·卡列尼娜》（*Anna Karenina*）中，女主人公在生下情人的孩子之后患上了产褥热，她的病标志着整个故事的高潮和转折点。作者并不是笼而统之，而是清楚明白地描写这场疾病。它并不是

◆《安娜·卡列尼娜》插图

什么意义重大的征兆，而是这样一个事实：安娜即将死去。她破坏了上流社会的规矩，她沉湎于非法的爱情中；丈夫想跟她离婚，情人的职业生涯受挫，被上流社会放逐是她在劫难逃的厄运。接下来，她生下了孩子，病倒了，即将死去。面对死神，两个深爱她的男人（丈夫和情人）碰面了，互相握了握手。丈夫原谅了她，情人回到家里，举枪自尽。至此，故事应该可以结束了，但并没有结束，这使得它成为一部伟大的长篇小说。安娜出乎预料地康复了，试图自杀的人也失败了，生活继续。安娜和她的情人逃之乎也，去了国外，直到经过一段短暂的快乐时期之后，生活变得让她无法忍受，她自杀了。

　　也是在这部小说中，托尔斯泰为突出一种情境而非常聪明地使用了疾病。在安娜自杀之后，她的情人在绝望中走上了战场。他在一座火车站的站台上等待火车离去，与此同时，他正患有难忍的牙痛。这看上去似乎是毫无意义的琐事，然而，通过给渥伦斯基正在经历的精神折磨增加肉体上的痛苦，作者尽可能强有力地突出了令人无法忍受的情境。

　　以类似的方式，疾病可以用在很多长篇小说中，要么是为了推动故事情节的发展，要么是为了描绘一种给定的情境。由于小说家不是医生，而且他是为外行写作的，那么，他通常不描写只有专家了解到的罕见疾病，而更愿意描写那些人人熟悉的疾病。选择主要取决于两个因素：作家所处的时代，以及要实现的目的。

　　在 13 世纪，哈特曼·冯·奥埃在他的长篇小说《阿默·海因里希》中让一个麻风病患者做他的主人公，为的是表现一个年轻姑娘对其主人的无私奉献的爱情。在中世纪，这样处理是合乎逻辑

◆《托尔斯泰像》，1887 年，I·E·列宾（1844–1930），俄国现实主义绘画，莫斯科特列恰科夫美术馆。

的，但搁在今天就不合适了。如今，麻风病实际上已经从西方世界消失了。汉斯·普菲茨纳1895 年在一部歌剧中、格哈特·霍普特曼1902年在一部戏剧中复活了这个主题，但这一次是纯浪漫主义，有意识地因其人文价值而使用中世纪的主题。在现代的现实主义长篇小说中，将会选择不同的情境，正如在亨利·贝拉曼的《金石盟》（*Kings Row*）中一样，在这部小说中，一个女人对一个她所爱、所嫁的男人的无私奉献，因为下面这个事实而得到了生动的说明：她毫无希望地残废了，以一种特别悲惨的方式失去了双腿。

在中世纪晚期和文艺复兴时期，鼠疫显然是一个深受欢迎的文学题材。薄伽丘在《十日谈》的引言中非常生动地描写了鼠疫，并以此作为他这本故事集的由头。伊丽莎白时代的医生兼作家威廉·布勒林1564 年出版了《抵御鼠疫对话录》（*A Dialogue against the Fever Pestilence*），它不仅是一出教学戏剧，而且还显示了各色人等在死亡临近时是如何反应的。在鼠疫从西方消失之后，它依然

萦绕在人们的脑海里
挥之不去。丹尼尔·笛
福 1722 年的《瘟疫
年纪事》(*Journal of
the Plague Year*) 长期
以来被认为是一份历
史文献，其实它并不
是。鼠疫最后一次降
临英国的时候，笛福
只有 5 岁，但儿时的
记忆很可能激发了作
者的灵感。浪漫主义
小说家自然要利用诸
如瘟疫这样的作为戏
剧性的主题，它出现

◆《老圣保罗教堂》插图

在诸如威廉·哈里森·安斯沃思 1841 年的《老圣保罗教堂》(*Old
St. Paul*) 之类的恐怖故事中。如果一个小说家像描绘今天的瘟
疫，他就不得不像 A. J. 克罗宁的《王国的钥匙》(*The Keys of the
Kingdom*) 那样，把场景转移到中国，这部长篇小说把所有能想到
的大灾难集于一书。

在 17 世纪的小说中，痛风是一个颇受欢迎的题材。这种疾病
显然很普遍，特别是在上层阶级当中。1681 年，托马斯·西德纳
姆写了一部论述这一主题的经典专著。他非常熟悉这种疾病，因为
他本人就长期患有痛风。文学和艺术作品中把痛风作为福斯泰夫式

的纨绔子弟的典型特征，因为在民众的头脑里，这种疾病被认为是
沉湎于醇酒妇人、夜夜笙歌的结果。痛风也深受讽刺作家和艺术家
的欢迎，只不过是由于另外的原因。痛风的发作导致最难以忍受的
痛苦，以至于这种病本身肯定一点也不好笑，但它并不会要患者的
命。当发作结束的时候，他依然故我，毫发未损，痛苦很快就被忘
得一干二净。一方面是症状的极其剧烈，另一方面是后果的相对无
害，这之间的矛盾创造了一种滑稽好笑的情境。牙痛也是如此，牙
痛患者承受拔牙的折磨——当然没有麻醉——是 17 世纪荷兰讽刺
画家最喜爱的一个题材。心绞痛发作所导致的疼痛则完全不同，因
为这样的发作是要命的。疼痛的强烈与威胁患者的危险程度成正
比，这样一种情境很悲惨。

热病在 18 世纪依然很常见。在欧洲和亚洲，疟疾不仅仅局限
于南方地区，而是蔓延到了遥远的北方。伤寒热在每个国家都流
行。热病出现在这一时期大量的文学作品中。对作者来说，它是一
种很方便的疾病，想让书中的人物受多长时间折磨都可以，还可以
根据情节发展的需要，让病情看上去是无害还是严重。作者通常以
非常模糊的措辞来描写这种疾病。

浪漫主义者在没有深入研究中世纪而处理当代题材时，非常喜
欢像肺结核和萎黄病这样一些使人憔悴的疾病。后者是一种年轻姑
娘所患的贫血症，今天已经彻底消失了。人们一直把这种疾病归咎
于紧身胸衣对青春期生物体的影响，但毫无疑问，还涉及其他一些
因素。萎黄病是上层阶级年轻姑娘的疾病，她们足不出户，缺乏锻
炼，干点针线活，弹弹琴，唱唱曲，等待丈夫来安慰她。她们是苍
白憔悴、不染凡尘的少女，最为当时的诗人们所珍爱。

那年头的肺结核侵袭所有的社会阶层，很多浪漫派作家都患过这种病。它通常被描绘为遗传性疾病，发展缓慢，与此同时，患者对生活——还有性——依然有着强烈的兴趣。但它是在劫难逃的厄运，因此也是悲剧性的。在某些小说中，肺结核迅速置人于死地——大卫·科波菲尔年轻的妻子就是在几周之内死于

◆《坐在风琴前的少女》，1673—1675 年，约翰内斯·维米尔（1632—1675），荷兰现实主义 17 世纪美术绘画，伦敦国家美术馆。

这种疾病——但这些只是例外。通常，肺结核被描述为慢性的，缓慢却无情地消灭一个人的生命。

2. 每个人迟早要跟医学打交道

在 19 世纪下半叶，随着自然主义的滥觞，新的情况出现了，正如我们马上将会看到的那样。然而，在所有时代，总有某些疾病一直处于前台，我们有趣地看到：一段给定时期的主流疾病与这一时期的一般特性及风格之间，存在着某种关系。中世纪是一段集体主义时期，这一时期的主流疾病是降临在整个群体头上的诸如麻风病、鼠疫和舞蹈狂之类的集体病。在高度个人主义的文艺复兴时

期，梅毒处于前台，这种疾病并不是一视同仁地侵袭任何人，而是通过高度个人主义行为获得的。巴洛克时期是一个差异巨大、矛盾突出的时期。在法国和西班牙，那是一个专制时代，但在英国和荷兰却是一个民主的时代；既是笛卡尔的理性主义时代，也是反改革的宗教狂热时代。人们描绘最频繁的疾病，是诸如斑疹伤寒和麦角中毒这样一些营养缺乏症，是诸如痛风和浮肿这样一些富贵病。

把疾病引入故事的小说作者，显然受到所处时代的影响，但另一方面也受到其目的的影响。如果他想迅速消灭掉一个人物，他就会求助于某种急性病，比如肺炎或心脏病，它们像晴天霹雳一样方便，招之即来。如果他的目的是要标示出一个人生活当中的一次危机，他就描绘一场严重的急性病，最后以恢复健康而告终：一场脑膜炎或者类似的疾病；一场莫名其妙的发烧、头痛或抑郁症，就足以描绘出一个人的病态特征。在 19 世纪中叶之前，作家们总是克制自己，不去描绘病情。除非有必要暗示疾病的性质，否则他们不会描写症状，他们总是省略疾病的缺乏美感、令人厌恶的方面。随着自然主义的出现，情况发生了改变。

19 世纪科学的兴起，在所有文化领域都有反响。1865 年，法国心理学家克劳德·伯纳德撰写了《实验医学研究导论》（*A Introduction to the Study of Experimental Medicine*），被科学家和门外汉广泛阅读，至今还有人在读。书中以最有说服力的方式阐述了新兴医学科学的原则。它是一门科学，建立在理性的基础之上。"一句话"，克劳德·伯纳德说，"在实验的方法中，正如任何地方一样，唯一真正的准则是理性。人的心智始终是以同样的方式、通过同样的生理过程来进行理性的思考。"然而，理性思考遵循一个原则，这就是"现象的绝对决定论"。"假设存在没有原因的事实——或者至少是跟其他事实毫无关系的事实——是对科学的否定。"

当克劳德·伯纳德在法兰西学院演示他的实验的时候，观众不仅有生理学家，而且还包括像马塞林·贝特罗这样的化学家，像保罗·雅勒这样的哲学家，以及像欧内斯特·勒南这样的历史学家。

◆ **克劳德·伯纳德**

大约在同一时期，从 1861 至 1864 年，法国临床医生阿尔芒·特罗索出版了《病院临床医学讲义》（*Leòns de Clinique Médicale de l'Hôel-Dieu*），此书将新科学的原则应用于临床医学。它是一本严格意义上的医学书，内容只包含详细描述的病史，但这部两卷本著作却在医学职业之外赢得了很多读者。毕竟，一本写得很棒的临床病史只不过是一部传记。特罗索的临床讲座，以及后来神经病专家夏科在萨彼里埃医院举办的临床讲座，去听课的不仅有医学院学生和医生，而且还有作家、哲学家、历史学家，有来自各个领域的科学家和学者。

所有科学医学，尤其是生理学，多半对门外汉都有着强大的吸引力。很少有人接触过高等数学或天文学，但每个人迟早要跟医学打交道。医生是人人都要打照面的科学家，在 19 世纪，医生的声望与日俱隆。这生动说明了新科学能发挥多么有益的作用。在人类生活中无远弗届的医学，比物理学或化学更能让人神魂颠倒。所有医学科学当中，生理学是最具哲学意味的，因为生理学研究生命的机能，它所有的问题最终都会通向哲学的领域。

反响很快就被人们感觉到。勒南声称，历史应该是一门科学，就像化学一样。依波利特·丹纳阐述了自然主义流派的理论和哲学，他甚至说，恶行与美德也是生成物，就像硫酸或食糖一样。他从奥古斯特·孔德和克劳德·伯纳德那里得出了环境决定个体的理论。奥古斯特·孔德接过了这一观念，并扩大了它的所指，"不仅包括生物体浸润其中的液体，而且包括各种外部环境的总和"。在此基础上，克劳德·伯纳德增加了内部环境的概念。作为整体的生物体有其外部环境；与此同时，每一个细胞也有决定其发展的内部环境。科学尤其是医学的影响，在文学中被人们最强烈地感受到。早在 1859 年，维克多·雨果就在《世纪传说》（*La Légende des Siècles*）中宣称：诗人和哲学家的使命，就是试图像博物学家处理动物事实那样处理社会事实。福楼拜声称，在他看来，一部小说必须是科学的。

这一流派的早期小说多少算得上是临床病史。龚古尔兄弟在 1861 年的《修女菲洛梅娜》（*Soeur Philomène*）中描绘了医院和诊所里的生活；在 1865 年的《热曼妮·拉瑟顿》（*Germinie Lacerteux*）中描绘了一个底层阶级的女人的一生。后面这部小说以一篇典型的序言开始，作者在序言中警告读者：这不是一部虚构的而是一部真实的小说，它是一项研究，是 la clinique de l'amour

（法语：爱情的临床教学）。与此类似，埃米尔·左拉的早期小说、1867 年出版的《黛莱丝·拉甘》（*Thérèse Raquin*）就是一份病史，描述了一个原始人的动物本能。1880 年，左拉写了一部专著《实验小说》（*Le Roman Expérimental*），这个标题跟克劳德·伯纳德的书有些类似。他的论点是，

◆ 维克多·雨果

小说必须是科学的和实验的，如实地描写人的存在，被他们的环境所制约，并分析人的激情的机理，因此使这一研究构成应用社会学的组成部分。

自然主义流派的追随者们不惮于描绘生活中残忍和丑陋的方面；相反，他们看上去似乎乐此不疲，觉得这是生活的一面，过去的文学忽视了它。这解释了他们当中为什么有那么多人对医学感兴趣，他们阅读医学书，去听临床讲座。疾病频繁地出现在他们的作品中，并以最写实的方式描写它们。当福楼拜小说中的包法利夫人吞下砒霜的时候，作者没有省掉任何症状。她心跳加快、大汗淋漓、痉挛抽搐、呕吐不止，全都被详细地记录下来。作者不惮于使用技术语言。

在埃米尔·左拉的小说中，疾病，各种各样的疾病，被尽可能按照自然状态加以描述。《卢尔德》（*Lourdes*）中充斥着令人作

◆ 埃米尔·左拉

呕的细节，但生活就是这样。在赞美母性和大家庭的长篇小说《繁殖》（*Fécondité*）中，堕胎之恶被冷酷无情地打上了耻辱的烙印。《小酒店》（*L'Assommoir*）描绘了酒精中毒所带来的毁灭，在此书的末尾，对杀死古波的震颤性谵妄发作的描写，是一份中规中矩的临床病史。左拉把自己所写的 20 部关于"卢贡－马卡尔家族"的长篇小说称作《第二帝国时期一个家族的自然史和社会史》（*Histoire Naturelle et Sociale d'une Famille sous le Second Empire*）。他试图把科学的方法应用于社会学研究。这个系列的最后一部长篇小说十分典型，是一个医生的故事——《巴斯卡医生》（*Le Docteur Pascal*），他总结了整个系列，研究了家族的遗传。

我很喜欢左拉，因为他是一个英勇无畏的战士。他对生命的态度不像福楼拜那样超然。他充满激情地偏袒一方。尽管他描绘了大量的污秽和残忍，但他一直坚定地呼唤一个更好的世界，一个洁净而健康的世界，建立在丰饶、劳动、真实和公正的基础上——这些是他最后几部小说的标题。

自然主义流派对疾病从不缩手缩脚。曾经在文艺复兴时期和巴洛克时期的文学作品中公开提及的梅毒，从高雅文学中消失了。后来在易卜生的《群鬼》（*Ghosts*）和尤金·白里欧的《损害》（*Les Avariés*）中又回来了，并被搬上了舞台。前者是一部描写一种先天疾病之害的戏剧，后者是一部宣传戏，描绘梅毒对婚姻的影响。

◆ 易卜生

下面这个事实也证明了人们对医学的巨大兴趣：医生，尤其是医学研究者，非常频繁地作为主人公出现在小说和戏剧中。弗朗西斯·德·克雷尔在 1899 年的《新偶像》（*La Nouvelle Idole*）中把一位伟大医生的冲突戏剧化了。这位医生屈从于在患者身上做实验的诱惑，直至陷入了这样一种困境：除了让自己的新型病毒杀死自己之外，他无路可逃。

3. 精神病学

还有一个医学分支在 18 和 19 世纪也获得了极大发展，这就是精神病学。它不能不影响到文学，正如精神病学本身也受到了文学

的巨大促进一样。事实上，这二者之间有持续不断的交流和互换。陀思妥耶夫斯基并不是精神病专家，然而他却熟练地对精神病人进行了描写，以及对癫痫病患者和罪犯的描写。他本人就是个精神病患者和癫痫病患者，这一事实可能使他的感觉更敏锐。丹麦作家奥古斯特·斯特林堡也是如此，他的长篇小说在很多方面也是精神病理学的文献。

文学与精神病学之间的联系是显而易见的。作家研究周围的生活，研究身边人的思想、情感、激情、冲突和行为。人人皆不相同，有些人异乎寻常，他们及其行为尤其吸引作家的关注。精神的健康与疾病之间没有明显的分界线，由于神经官能症患者中的绝大多数并没有被限制在治疗机构当中，因此作家有大量的机会研究他们，在作品中再现他们。如果他是个优秀作家的话，他对他们的描绘就是真实的。在理解和解释他们的时候，他有意无意地受到当时心理学观点和精神病学观点的影响。

精神病学家也研究个体，不过是抱着不同的目的。他想治好他们，或者至少是要使他们的病情好转。他所记录的病历自然要比外科医生的病历更详细，有时候非常接近于长篇小说的特征。他偶尔会到文学作品中去寻找典型的心理状况，它们被描写得如此完美，以至于他完全可以用作参考。俄狄浦斯情结就是一个很好的例子。

神经官能症在19世纪的发现，尤其是夏科和他设在巴黎萨彼里埃医院的学校及伯恩海姆和他设在南锡的学校对歇斯底里所做的研究，开拓了崭新的境界，有着深远的影响。它们都是科学的。科学被应用于研究头脑的正常功能和病态功能。我们已经看到，夏科的临床讲座是每周一次的大事，广泛地吸引了巴黎知识分子的圈子。对小说的影响是显而易见的。保罗·布尔热是文学中的精神病学趋势的倡导者，这一趋势是在19世纪最后20年里发展出来的。布尔热的风格精炼优雅，他的长篇小说全都围绕着保守的天主教上层阶级，法国人通常称之为 high-life（上流社会的生活）。然而，像 1889 年出版的《门徒》（*Le*

◆ 保罗·布尔热

Disciple）这样一本书，就其方式而言，恰像左拉的任何一部小说一样残忍。它描写了一个年轻的心理学家，为了应用并检验他的师傅的学说，如何像一次实验一样冷血地、系统地勾引一个姑娘。

对歇斯底里的治疗和研究，是精神分析学的起点。维也纳有两位医生——约瑟夫·布洛伊尔和西格蒙德·弗洛伊德，他们俩都曾在 1880 年代跟夏科一起工作，像很多其他人一样，他们也把催眠术用于对歇斯底里的治疗。但与此同时，经典的治疗方法就包括对被催眠的患者做暗示，医生鼓励他们敞开心扉、一吐为快，并发现，在催眠状态中，患者能够再现过往经历的记忆，这些记忆解释

了疾病的状况。在这样本能地谈话的过程中，患者释放了相当可观的情感，感觉到了放松。弗洛伊德和布洛伊尔把他们的方法称作"宣泄疗法"，并在 1895 年出版了一本论述这个问题的专著，内容包括对潜意识的发现，及其在神经官能症病源中的重要意义。

◆ 西格蒙德·弗洛伊德

弗洛伊德抛弃了催眠术，因为他找到了另外更好的方法可以进入患者的潜意识：当患者循着自由联想随意谈话的时候，分析他所说的内容，或者对梦进行解析。他逐步发展了自己的精神分析体系。他遭到了广泛的反对，也有了狂热的追随者，不管你是否接受他的整个体系，但谁也不会否认，他极大地丰富了心理学和精神病理学。他开启了辽阔的新的天地：潜意识的存在及其意义，大量被隐藏和遗忘的经历——依然在对我们发挥作用——婴儿和儿童性欲的意义，这些以及如此之多的其他发现，全都成了公共财产。

很明显，这样一种被拓宽了的心理学前景，对文学有着相当重要的影响。作家们实际上是否研究过弗洛伊德的作品并不重要。他们当中很多人直接或间接地受到他的教义的影响。一系列像马塞尔·普鲁斯特的《追忆逝水年华》（*A la Recherche du Temps Perdu*）

那样的长篇小说，如果没有弗洛伊德是不可想象的。他的影响还可以在像詹姆斯·乔伊斯、弗吉尼亚·伍尔芙和尤金·奥尼尔等作家的作品中强烈地感受到。

我深知，"疾病与文学"这个主题远非上面这些简短的评论可以穷尽，但篇幅所限，不允许它进一步发展。我可以仅仅再提几点，就这个主题而言，它们是应该得到考量的。

在很多虚构作品中，疾病是随着故事情节的发展而偶然出现的。然而，在另外一些作品中，疾病或残废扮演了一个重要角色。萨默塞特·毛姆的长篇巨著《人性的枷锁》（*Of Human Bondage*）中有一个畸形足患者。这不是偶然发生的，而是至关重要的事实，它解释了他的自卑情结以及他的很多行为。最激动人心的场景是：他就读的那所学校的校长拒绝鞭打他，因为他是个残疾。在托马斯·曼的《魔山》（*Magic Mountain*）中，肺结核是主乐调。这部小说生动地描写了那些被限制在一所高海拔疗养院里的结核病患者在道德上和智力上的古怪。

长篇小说和戏剧有时候写的是医学主题，为的是宣传某项事业。前面提到过的白里欧的《损害》就属于这种类型。赖德·哈格德爵士的《塞恩医生》（*Dr. Therne*）是一份为种牛痘所进行的辩解。几年前在纽约上演的活报剧《医学秀》（*Medicine Show*）是为了宣传医学服务的社会化。此类作品的艺术价值可能并不是很高，但它们依然履行了一项重要的功能。

医学总是遭到人们的讽刺，常常还很辛辣，上自罗马诗人，下至萧伯纳，历朝历代莫不如此。攻击有时候针对患者，像莫里哀的《无病呻吟》（*Le Malade Imaginaire*），但更多的时候是针对医生。

塞缪尔·巴特勒 1872 年出版的《乌有乡》（*Erewhon*）写的是一个乌托邦的世界。在那里，罪犯接受治疗，病人受到惩罚，对于在浪漫主义者那里十分流行的赞美苦难来说，这倒是一次健康有益的反动。

眼下，尤其是在美国，以医学为主题的小说非常流行，公众对它们似乎有贪得无厌的胃口。这种时尚多半是从辛克莱·刘易斯的《阿罗史密斯》（*Arrowsmith*）开始的。现代医院和实验室让人着迷，毋庸置疑，那些住在医院里、不断与死神搏斗的男男女女，他们的生活和工作有着非常强烈的戏剧元素。这些作品，有些是医生写的，有些是外行写的；有些写得很棒，有些写得很糟，遵循着传统的模式；有些仅仅把医院当作一个感人的爱情故事的背景来使用，还有一些则讨论医学问题。在约翰·霍普金斯大学我所在的部门，购买了所有这些书，虽说我

◆ 医生、护士与病人

们很少阅读它们。然而，我们觉得，有朝一日它们将会成为非常有趣的文献。这提出了一个问题：虚构作品是否可以用作医学史的原始材料。

答案是：可以；条件是要以批评的眼光来参考这些书，并以明智的鉴别力加以利用。荷马并没有打算写一部关于医学的专著，但他的史诗明显提到了创伤、疾病及其治疗，并因此反映了当时的医学观点。只要医学不是什么独门秘学，而是受教育阶层的公共财产，诗人们所表达的关于医学主题的观点就必须得到认真仔细的考量。希腊悲剧诗人是研究医学史的一个重要材料来源。

在阅读讽刺作家的时候，你千万要记住，他们总是夸大其辞。莫里哀时代的医生并不像他所描绘的那么糟糕。然而，他对他们的记述是真实的，他的讽刺已经被充分证明是合理的。17 世纪，新科学正在发展，而大学依然保留着中世纪的特征。普通的医生依然像中世纪的医生那样行事和推理，对新科学一无所知。这产生了一种滑稽可笑的情境，莫里哀对此加以利用，增加了他个人对这一职业的不满。

回忆录、日记、书信及类似文献都是颇能透露内情的原始材料。例如，塞缪尔·佩皮斯的日记，塞维尼夫人的日记，都充斥着对疾病及其治疗的记述。这些文献为我们呈现了一幅从患者的视角所看到的医学图景。

第 10 章

敏感的艺术家

1. 画里病态

疾病是一个动态过程。它有开始——或姗姗而至，或突如其来——有发展，在很多病例中还要达到一个高潮，最后，要么结束于康复，要么就一命呜呼。因此，可以用文字来描述疾病。它是一个高度叙事性的，有时甚至是戏剧性的主题，但试图用绘画或雕塑来描绘疾病的艺术家，则在很大程度上受制于下面这个事实：他只能再现这个过程的某个瞬间。

电影把美术和文学结合了起来，它可以即时地描绘疾病。有人按照这个思路做过一些实验，例如瑞士电影《永恒的面具》（*The Eternal Mask*）。然而，只要电影自认为是一种产业，其唯一的目的就是提供廉价的娱乐，那么我们就不可能有太多的指望。然而，我倒是能想到一些格外有趣的主题，比如一个饱受疾病折磨的人在生命的紧要关头高烧不退所导致的幻想。一个患震颤性谵妄的病人，他的幻觉将会提供比任何凶杀故事都更加严重的恐怖，对于反对酗酒也是一个很好的宣传。

◆ 埃及古墓中的壁画

　　一个画家何时且为什么会描绘疾病呢？做这件事的一个理由
是：任何时候都有画肖像的需求。人们都希望为亲戚、为朋友——
也为后代——让人把自己的画像复制下来。艺术家当然不会在一个
人患急性病的时候为他绘制肖像，但是，如果他要描绘的对象碰巧
患上了慢性病或者残疾的话，艺术家也就别无选择了。他不得不
描绘处在患病状态的人。因此，我们拥有了大量表现各种疾病的肖
像。埃及人克努姆霍特普生活于公元前 2700 年前后，负责保管国
王的服装。他是个侏儒，开罗博物馆里他的肖像清楚地表明：他的
身体状况是软骨发育不全的结果。生活于第 18 王朝时期的祭司卢
马的墓碑显示了他的右腿已经严重萎缩。这样的萎缩频繁地发生在
小儿麻痹症期间，但也可能归因于其他神经系统的疾病。你不得不
小心翼翼地通过一件艺术品来诊断疾病。艺术家可能非常写实地描
绘他的对象，然而，除非看得见的症状十分典型，否则的话，除了
初步诊断之外，要想得出更准确的结论是不可能的。不过，有一种
诊断法十分可取，特别是在反映早期历史的艺术作品中，那个时期
文字的医学档案严重缺乏。一幅图画或一尊雕像可能是某种疾病发
病率的唯一证据。因此，我们没有源自古埃及的对肺结核的描述，

但我们确切地知道，这种疾病曾经发生过。我们有一尊陵墓雕像，表现了一个非常虚弱的人，他弓腰驼背，十之八九患过脊椎结核病。但就本例而言，我们还有更多的证据：有几具埃及木乃伊，显示了同样的情况，而对其中一具木乃伊做显微检查甚至揭示了沿着脊椎出现的脓肿痕迹，这使得我们的诊断确定无疑。

当然，肖像画家不会强调其描绘对象的病残，但是，当它们影响到面部的时候，他就没法避开了。莱顿的卢卡斯给西班牙国王斐迪南所画的肖像，形象地说明了扁桃腺肿大会给一个人的外貌造成什么样的影响。17世纪的很多荷兰画家非常生动地表现了鼻子的疾病，比如酒糟鼻和鼻硬结。肖像中的现实主义手法是如此逼真，以至于就连不会改变身体外貌的内科疾病也可以明显看出。有一则趣闻轶事讲到，伟大的临床大夫、拿破仑的私人医生科维萨尔曾经在看到一幅肖像的时候说："如果这幅画是忠实可靠的，那么我毫不怀疑，画上的这个人必定死于心脏病。"实际上确实如此。

《圣经》传说和教会的传说为艺术家提供了五花八门的病态主题。基督治病被描绘了无数次，这使得艺术家有机会描画瞎子、瘸子、麻风病人、被魔鬼附体的人，以及所有走近基督希望获得治疗的病人。但不仅仅是耶稣——他的门徒和所有圣徒也都施行过奇迹治疗。只要宗教依然是艺术家主要的灵感来源，并为他提供了大多数主题，治疗病人就是一个深受欢迎的主题，艺术家根据自己在身边所见过的病人的样子来描绘他们。

由于很多圣徒都是特定的庇护人，保护人们免遭特定疾病的伤害，因此他们出现的时候，要么是带有特定的属性，要么就是正在给患有特定疾病的人治病。圣罗什通常指着他的腹股沟中发展出来的鼠疫淋巴结炎；圣拉扎勒斯通常被画成一个麻风病人；圣伊丽莎白把自己的一生奉献给护理病人，她出现在很多油画和雕塑中，正在护理麻风病人。这些图画鼓舞着那些祈祷圣徒保佑的人，并使他们的信念更加坚定。中世纪赞美贫穷和疾病，把它们看作是值得赞许的状况，可以帮助人们获得拯救。照料病人和穷人的行为受到赞美，作为这种态度的结果，表现医学的艺术作品总是大肆描绘乞丐、跛子和病人——既有身体上的病人，也有精神上的病人。

基督或一位圣徒给魔鬼附体的人治病，是中世纪及之后很长时间里的艺术家们最喜爱的一个题材。那是特别引人入胜的治疗：一个人疯狂地胡言乱语，魔鬼的幽灵突然逃离了他的身体。有暴力倾向的精神病患者披枷带锁，艺术家为了显示他们的疯狂，通常描绘他们戴着手铐，被铁链锁住，或者被几个人抓住。通过接触患者，或者更常见的是通过驱除魔鬼的幽灵，来实现治愈。在这样的情况下，圣徒被描绘成把自己的手放在患者的头顶之上，同时念着咒语。有时候也用更原始的方法：在圣米尼亚多教堂的壁画上，圣本尼迪克特正在鞭打一位被魔鬼附体的修道士，为的是驱除魔鬼的幽灵。

这样的戏剧场景颇受巴洛克时期画家们的青睐。鲁本斯曾经是安特卫普的耶稣会会士的学生，他留下了两幅大油画和几张素描稿，表现的是圣伊纳爵·罗耀拉给魔鬼附体的人驱邪，同时使死去的孩子复活。这些画——尤其是维也纳的那一幅——非常戏剧化，让母亲（她的孩子起死回生）的安谧幸福与魔鬼附体者恐怖扭曲的身体形成鲜明对照。类似地，布鲁塞尔博物馆藏有约丹斯的一幅油画，表现的是圣马丁治疗一位魔鬼附体者，画面上，圣徒的安

◆ 圣罗耀拉给病人驱魔（鲁本斯画）

详，罗马总督（他由于这次奇迹而皈依了天主教）的紧张好奇，以及魔鬼附体者的惊厥抽搐（要 4 个壮汉才能把他抓住），形成了高度戏剧性的对比。

彼得·勃鲁盖尔描绘舞蹈狂的素描画则属于稍有不同的类型。舞蹈狂——或称圣维特舞蹈病——明显是一种群体性的歇斯底里，在 14 和 15 世纪曾屡次流行，尤其是席卷了整个莱茵兰地区。成百上千的人（有男有女）突然之间被这种古怪的疯狂攫住，动身前往察贝恩的圣维特教堂或埃希特纳赫的圣威利布罗德教堂朝圣，一路跟着风笛的音乐手舞足蹈。他们被认为是魔鬼附体，并接受驱邪治疗。即使在 15 世纪之后，舞蹈狂依然反复发作，对它的记忆永久留存在一年一度（圣灵降临周之后的星期二）在埃希特纳赫举行的游行活动中。勃鲁盖尔想必目睹过这样的事件，他描绘患者踏着舞步行进，三人一组，一个女人在中间，两个男人在两侧，看上去如醉如痴。

我们在上一章中提到过，圣徒并不是唯一的奇迹治疗者，法国和英国的国王也施行过这样的治疗，尤其是治疗那些患淋巴结核的人。很明显，艺术家们不会错过一个如此讨国王欢心的题材，之所以没有更多的绘画奉献给这样的场景，唯一的理由是：这样的习俗只限于英法两国的宫廷。然而，还是有一些表现这一题材的绘画，比如伯纳德·范·奥雷的那幅油画，表现的是法国国王在给人涂油，同时，院子外面有病人在等待被触摸。然而，由于这位画家并没有多少淋巴结核的经历，他只好按照麻风病人的外貌来描绘患者。

托拜厄斯的故事也频繁地出现在绘画作品中。有一次，他在一个燕子窝下的墙边睡着了，热乎乎的鸟粪落进了他的眼睛里。上帝使他成了一个瞎子，为的是像考验约伯那样考验他。但天使拉弗尔向小托拜厄斯（他的儿子）透露：鱼胆汁可以恢复他父亲的视力。

◆《豆王节的欢宴》，约 1640–1645 年，雅各布·约丹斯（1593–1678），佛兰德斯巴洛克，17 世纪美术绘画，维也纳艺术史美术馆。

　　于是，托拜厄斯取来鱼胆，涂抹于父亲的眼睛。他让胆汁在眼睛里保持了将近半个钟头；然后，一种白色的物质开始从他的眼睛里出来，就像鸡蛋壳一样。当托拜厄斯看到它的时候，就从眼睛里把它拔了出来，父亲立即恢复了视力。

　　伦勃朗的一幅蚀刻版画表现了治疗前的场景。瞎子父亲听到

◆ **托拜厄斯治疗父亲的眼睛**

儿子走近的声音，便匆匆出迎，但他是个瞎子，摸不着大门。然而，大多数图画都是表现治疗：小托拜厄斯把鱼胆汁揉进老托拜厄斯的眼睛里，或者从眼睛里取出蛋壳样的东西，很像眼科大夫摘除白内障。

最后，我很愿意就这个话题顺便提一下：在图解《圣经》场景的时候，艺术家们也描绘女人分娩。耶稣的诞生当然是一次奇迹般的诞生，这一点毋庸置疑，但安娜生玛丽却是一个非常受欢迎的题材。这些图画让我们对不同时期的产房看上去是个什么样子有了非常清楚的概念。它们向我们显示了产妇的姿势，正在忙

◆《34 岁时的自画像》，1640 年，伦勃朗·凡·赖恩（1606–1669），荷兰现实主义，17 世纪美术绘画，伦敦国家美术馆。

活的接生婆，为孩子准备的浴盆，以及数不清的细节。这些细节在书中通常很少提及，因为它们被认为是不言自明的。

2. 鼠疫纪念柱

长期以来，给《圣经》传说和宗教传说画插图的愿望，一直是在艺术作品中表现病人的主要动机，但艺术家们也出于各种原因而单独描绘疾病的状况。像麻风病这样的祸害，像瘟疫流行这样的灾难，都不可能不搅动艺术家的想象。

我们在本书的每一章中几乎都要提到这两种疾病，这绝不是偶然之举。几个世纪以来，它们对人类的困扰是如此严重，以至于对

文明的每一个方面都产生了影响。麻风病的症状是看得见的。这种疾病侵袭皮肤，给面部和手足造成严重的伤害，与这些症状相伴而生的人几十年里都被打上了耻辱的烙印，缓慢地腐烂。这样一种状况所带来的恐怖，吸引了那些想描绘生活阴暗面的艺术家。但是，麻风病人的命运之残酷无情，其生活的深重灾难，更加使他们成为很多绘画作品所描绘的对象。在那幅曾经被归到奥卡尼亚名下、现藏比萨市圣陵的《死神的胜利》（*Triumph of Death*）中，死神（一个长着翅膀、丑陋不堪的人物）从一群贫穷的麻风病人身边走过，向另一群人伸出双手。那是一群风华正茂的年轻男女，正在唱歌弹琴，丝毫没有觉察到死神的临近。麻风病人徒劳地请求解救他们，伸出手臂，瘦骨嶙峋的双手严重残缺。死神不理会他们，他们的悲惨境况还要持续很多年。

不那么戏剧性，但更加悲惨的，是现藏巴塞尔博物馆的尼古拉斯·曼尼尔的一幅画。前景是一个年轻漂亮、衣着华丽的女人。她看上去非常健康，然而，在她的左前臂上有一个小瘤，那是麻风结节，疾病才刚刚开始。在她的身后，站着一个瘦骨嶙峋、衣衫褴褛的男人，双腿出现了象皮肿，双臂严重残缺，脸部损毁得如此严重，以至于显露出典型的狮子般的表情——麻风病的起始与终结。我们看到了这个年轻的女人将来会遭遇怎样的命运，不由自主地令人战栗不已。

对艺术家来说，鼠疫病患者不是什么好题材，急性病患者就更不是了。在传染性如此之高的病房里，人们对病人避之唯恐不及。我们前面已经看到，圣罗什通常被描绘为患有腹股沟淋巴腺鼠疫，但这只有符号价值，纯粹是一种象征。在其他方面，这位圣徒

◆ 名画《死神的胜利》，描绘了中世纪欧洲遭遇黑死病之灾后的社会动乱

看上去似乎并不是个病得死去活来的人。拉斐尔，尤其是巴洛克艺术家，都创作过表现鼠疫的绘画。通常，这些画表现的是大规模人群的场景，病人在街道上奄奄一息，其他人则惊慌失措地四散奔逃。此类绘画所要呈现的，是疾病的社会和心理方面，而不是身体症状。

鼠疫对艺术的影响，还以一种完全不同的方式更加强烈地彰显出来。它是一个巨大的刺激。在一个社群中，鼠疫的流行是一次激动人心的集体经历。在这个时候，人们总是许愿发誓，当瘟疫结束的时候就要还愿：为圣塞巴斯蒂安或圣罗什设立祭坛，或者建造还愿的教堂，像威尼斯的圣母教堂之类。欧洲各地修建的很多巴洛克式的教堂，都是这种许愿发誓的结果。在奥地利，鼠疫导致了一种专门的纪念碑："瘟疫纪念柱"。其中最有名的在维也纳，是献

◆ 维也纳的鼠疫纪念柱

给圣三一教堂的。这座纪念碑用萨尔茨堡大理石修建，时在1687～1693年，由菲舍尔·冯·埃拉赫设计，遵照建筑师和技术工程师贝尔尼尼的草图，为的是兑现1679年鼠疫期间所发下的誓愿。同样类型的立柱可以在巴登、海利根克劳兹及其他很多奥地利城镇找到。它们属于德国南部巴洛克风格最引人注目的表达。

尽管麻风病和鼠疫是两个主要题材，但依然有其他一些身体异常吸引艺术家们的关注。委拉斯贵兹及西班牙画派的其他画家一直不厌其烦地描绘各种能够想象到的白痴，他们的风格是如此写实，以至于在大多数情况下都能够诊断其所表现的白痴种类。17世纪的荷兰画家纵情于再现日常生活中的喜怒悲欢。他们的绘画中充斥着锦衣玉食、美酒佳肴、欢歌狂舞、嬉戏打闹、拳脚交加。心理和身体的疾病也得到了再现——绝对不太严重。在扬·斯蒂恩、加布里埃尔·梅兹、霍格斯特拉顿、范·梅里斯、吉拉尔·杜乌及很多其他人的绘画作品中，病人通常是一个年轻女性，苍白憔悴，无精打采。医生似乎很高兴给她诊脉并检查尿液。你永远也搞不清楚：女人的麻烦，到底是由疾病——比如萎黄病或抑郁症——导致的，还是爱情的有形结果。在很多这样的图画中，都有一丝讽刺的笔触，在阿德里安·布劳尔的油画中则更是如此。他描绘

◆ 布劳尔笔下喝苦药的病人

一个男人在品尝一味苦药之后做了一个可怕的鬼脸，或者在很多场景中，一个穷鬼疼痛不已的牙齿被人拔掉。从这些绘画作品，到贺加斯和罗兰森的辛辣讽刺，之间有一条笔直的发展线。医学始终有它的缺点和失败。在每个人的一生中，都会有最终的疾病无药可治。任何时代都有贪婪的医生利用患者的痛苦谋取利益，讽刺画家们不断敲打他们，就像他们敲打那些无良律师及其他职业一样。此类绘画也表现患者，他们或胖或瘦，患有麻风病、痛风及其他疾病。然而攻击并非针对他们，而是针对他们的医生。

当一位患者被阿斯克勒庇俄斯神治愈的时候，他往往会向神庙供奉祭品，以此表达自己的感激之情。有钱人有时会请有名望的艺

◆ 雅典阿斯克勒庇俄斯神庙

术家用大理石制作巨幅浮雕。浮雕表现的是阿斯克勒庇俄斯神，要
么孤身一人，要么由他的一个孩子许革亚或忒勒斯福罗斯陪伴。在
他的面前，是尺寸小很多的恳求者，领着他的家人和奴仆贡献祭
品。有时候还描绘治病的行为，一件出自雅典阿斯克勒庇俄斯神庙
的还愿浮雕显示：患者睡在一张长榻上，头枕着枕头，神站在旁
边，倚着拐杖，他的一个仆人正在给病人的脑袋做手术。这很有可
能是病人梦中的真实图景。

　　不太富裕的患者则供不起这样奢侈的祭品。他们会供奉一件不
大不小的雕刻品，表现那个让他们饱受病痛折磨的身体部位：头、
眼、胸、肠、手、足或某个其他部位。它们按照当时流行的解剖学
观点，雕工粗糙，批量生产，可以在神庙附近的商店里买到。有时

候，这些还愿祭品是用金银做的，神庙则为这些更贵重的祭品开列清单，保存起来。出自雅典阿斯克勒庇俄斯神庙的一段碑文，提到了此类祭品，仅表现眼睛的就有 100 多件。大多数用贵重金属制作的还愿祭品都由于显而易见的原因而消失不见了，但数千件用大理石和赤陶制作的祭品被保存至今，在每一家收藏希腊—罗马文物的博物馆里都可以看到。在古代世界的各个地方都发现过它们，不仅在阿斯克勒庇俄斯神庙里，还在其他神祇的神庙里找到过。有很多是在意大利的伊特鲁里亚出土文物中找到的。

就本章而言，我们特别感兴趣的是这样一个事实：很多这样的还愿祭品表现的不是正常器官，而是生病的器官。有些祭品制作得很粗糙，仅仅含糊地标示了一个肿瘤或一处溃疡，但有一些祭品则做工精细，想必是特意为某个病人专门制作的。出自雅典阿斯克勒庇俄斯神庙的一件还愿浮雕显示：一个明显是患者的男人，拿着一条患有静脉曲张的大腿。皮疹、手指畸形及其他病态状况，也都以类似的方式呈现在还愿祭品上。

把这样的祭品贡献给神庙的习俗，在古代文明衰落之后依然幸存了下来，并被基督教教堂所继承。正如异教徒在过去所做的那样，基督教徒也去教堂，为康复而祈祷和献祭，并在觉得康复之后捐赠还愿祭品。廉价的祭品是用蜡做的，表现心脏、肺部、眼睛或四肢。在阿尔卑斯山区国家，蟾蜍象征子宫，白蜡或红蜡做的蟾蜍经常出现在还愿祭品中间，由那些被治好了妇产科的病痛或在长期不孕之后开始怀孕的女人供奉。在这些还愿祭品当中，经常可以找到刺绣和绘画，表现一个卧病在床的患者，或者是一次致命的意外，如果不是圣徒出手相助，当事人多半就一命呜呼了。它们是大

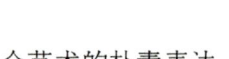

众艺术的朴素表达。

还有一种格外珍贵的用品，也是大众手工艺的产物，它从远古的秘鲁一直传到了我们的手里，这就是瓦罐（huaco）。瓦罐是一种印加人使用的陶制饮器。像埃及人一样，印加人也给死者提供他们今后可能需要的各种器具用品。其中有很多瓦罐的样品，在古代的坟场里挖出了成百上千的瓦罐，今天依然能在博物馆中看到。这些瓦罐描绘了生活的方方面面。其中有些是非常漂亮的头部形状，还

◆ 希腊神庙里的还愿浮雕

有一些则是整个人的形状。有些瓦罐再现色情场景，或者是生孩子的情形，也有很多瓦罐是非常写实地表现各种不同的疾病状况，仿佛艺术家对身体异常有一种病态的兴趣。在柏林人种学博物馆的收藏当中，我曾经研究过的一只瓦罐是一个患有面瘫症的人头，另一个瓦罐显示皮疹正扩展到全身，患者抓挠自己。另有很多瓦罐描绘了面部的深度溃疡，让人联想到狼疮，甚或是梅毒。盲人、残疾和

死人的面部模型都出现在这种形式的陶器上，然而，一批令人厌恶的收藏揭示了敏锐的观察能力。

3. 医学插图

关于医学插图也应该说点儿什么，它也是艺术，始终反映着当时的风格。如果没有艺术家们的合作，解剖学的兴起是不可能的。有人立刻想到雷昂纳多·达·芬奇的解剖素描画，但他并不是唯一的。有很多知名和不知名的插图画家，他们对医学的贡献很可能比我们普遍认为的要大得多。像文艺复兴那样的时期，并不是一个术业有专攻的时代。人体构造看上去似乎是一个有待征服的新领域。诚然，跟艺术家比起来，医学人士有更多的书本知识，但在那个时候，重要的是达·芬奇所说的 saper vedere（拉丁文：知道如何看），跟医生比起来，艺术家有时候看到的东西更多。维萨里如果没有他手

◆ 素描《自画像》，约作于 60 岁，可能是达·芬奇最后的作品，都灵 Reale 博物馆。

下的画家范·喀尔卡，那将是不可想象的。他们的名字将一直被联系在一起，即使在几百年之后，我们依然听到人们反反复复地说，医学科学家是如何依赖他的画家，从哈勒和他的插图画家，到霍华

德·凯利和马克斯·布罗德尔。后者在约翰·霍普金斯大学创办了一所欣欣向荣的学校，半个世纪以来一直在给美国培养医学插图画家。

解剖学比医学科学的任何其他领域都更加需要插图，因为解剖构造用图画比用文字描述得更加清楚。然而，给其他医学状况画插图的愿望也很早就被人们感觉到了。早在公元前 1 世纪，阿波罗尼奥斯为希波克拉底的专著所做的注释就已经配有插图，这些插图展示了脱臼复位的不同方法。在同一个世纪，出现了药草插图。只要统一的植物学命名依然阙如，只要植物在每个国家和地区被赋予无数各不相同的名字，图画对于识别植物就有很大的帮助。在公元 2 世纪，希腊医生索兰纳斯写了一部论述外科包扎和绷带的专著，也配有插图，对于更清楚地理解文本，这些插图起了很大的作用。

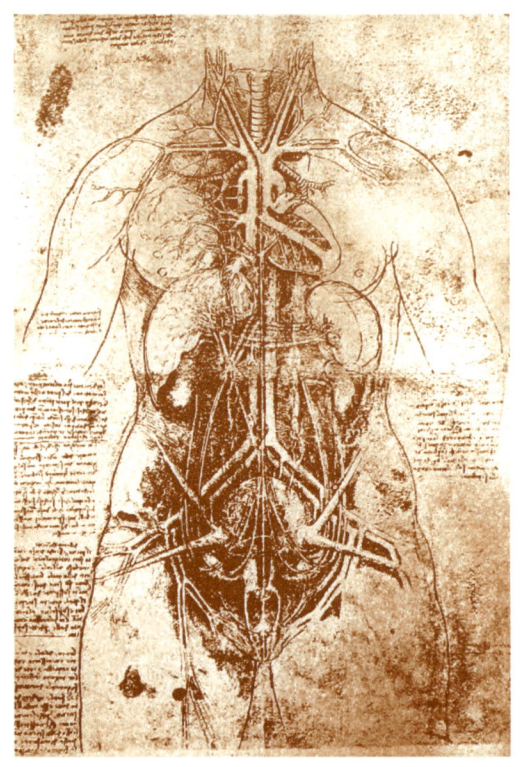

◆ 达·芬奇画的人体解剖图

在中世纪，外科书籍经常配有插图。在应该使用烧灼的方法或施行静脉切开放血手术的地方，用图画展示比用文字描述更容易。自 17 世纪以降，随着病理解剖学的发展，对插图的需求，变得就像在正常的解剖学中一样至关重要。当医生们开始区分越来越多的皮肤病的时候，如果没有画家的帮助，他们很可能根本做不了。用文字清楚明白地描述一个疹子极其困难，而彩色插图则可以直观地让你看到它是什么样子。很多新的诊断方法，如果没有画家的合作，是根本不可能发展出来的。医生的眼睛通过检眼镜、尿检仪、胃镜及其他类似设备所看到的东西，必须绘制成图例集，用于教学目的。X 射线检查则完全是图画的。

如今，摄影师在大多数情况下取代了画家，彩色摄影的发展使得制作非常写实的图片成为可能。电影在医学教育中扮演了一个越来越重要的角色。针对眼睛之类小目标施行手术，在彩色电影中演示比在手术室里演示要清楚得多。

摄影在医学插图中的应用无疑有很大的优势，因为摄影镜头不会说谎，但它也有劣势。在控制光线的时候我们并不总是能够做到突出本质要素，同时让非本质因素退到幕后。照片尽管总是栩栩如生，但有时候却细节太多，并因此让人一头雾水。因此，医学插图画家依然颇有需求，尤其是教学性质的出版物。

1921 年，德国精神病学家汉斯·普林茨霍出版了一本非常有趣的书，他称之为《精神病人的艺术创作》（*Bildnerei der Geisteskranken*）。他一直在海德堡的精神病诊所工作，检查过成千上万件精神病患者——尤其是精神分裂症患者——创作的素描、油画和雕塑。

人人都有自我表达的欲望。我们通过工作、谈话、写作、跳舞或实施其他行为来表达自己，但我们也可以拿起铅笔，画一些看上去毫无意义的线条和曲线。然而，实际上它们并非毫无意义，而是反映了一个精神过程。分析这些图画，可以发现理解个人想法的线索，就像分析其他形式的表达一样。在随意地胡乱涂抹的过程中，一个人可能会透露潜意识的动机，就像他在漫不经心地说话或做梦的时候一样。

对精神分裂症患者创作的图画和雕塑所做的分析表明，那些从未接受过任何艺术训练的人，却在患精神病的时候创作出了颇有艺术价值的作品。更为有趣的是我们注意到，很多这样的图画在风格和观念上跟一定历史时期的风格和观念非常类似。在某些实例中，个人过去的经历和回忆或许可以解释这一现象。然而，在另一些实例中，很有可能，在他患精神病的时候，患者的精神过程回归了更原始的类型，他的艺术表达因此显露出更原始的风格。我们在儿童的绘画中也注意到了类似的情形。分析这样的图画在医学上很重要，因为它能极大地帮助我们理解患者的想法，精神分析学广泛地使用了这种方法。不过，这种研究之所以重要，还因为它让我们更清楚地认识到了创造性艺术过程的机制。

疾病从来不会在没有艺术家的地方造就出一个艺术家来。它或许可以消除压抑，改变价值观，释放出先前被隐藏的力量。当一个艺术家患上精神病的时候，疾病会清楚地反映在他的创作中。梵高是一个经典的例子。关于他的疾病的性质，一直存在争论。他不仅沉湎于酗酒，而且还承受了强烈的幻觉发作，紧接着是失忆。在一次这样的发作中，他割掉了自己的一只耳朵；在另一次发作中，他试图自杀。即使我们没有他的生平记录，他的自画像也足以证明他混乱的精神状态。法国的精神病学家通常同意：他患有一种形式的癫痫，而没有典型的癫痫发作。雅斯帕斯想到了精神分裂症，克莱斯特及其他人则想到了他们所说的 Episodische Dämmerzustände（偶发性意识丧失状态）。当我们从早期作品到《黑鸟》（*Black Birds*）一路研究梵高作品的发展时，就能够一步步追踪他的天才的发展——还有他的疾病的发展。

慢性身体疾病也可能影响一个艺术家的创作。据说，格列柯患有散光，这解

◆ 梵高的自画像

释了他笔下的人物为什么总是扭曲的。换句话说，他一直是用那双在构造上不同于我们常人的眼睛观看大自然和他的作品。

疾病还可能影响某些艺术家对题材的选择。画家华托一辈子都是个结核病患者。他画过很多无忧无虑地嬉戏的优雅女士、意大利喜剧演员、勇武的士兵。这些可能表达了一个人对自己被无情地排除在外的那种生活的向往，表达了一个知道自己的生活注定在劫难逃的病人的情感喷发。

一次重病，对一个人的生活总是有着深远的影响。死神的逼近让人深感不安，艺术家原本就比其他人更敏感，他的职能就是要表达他所感受到的东西。因此，他不能不对这样的经历做出非常强烈的反应。

第 11 章

"特效药"

1. 对着疼痛部位奏乐

　　疾病与音乐之间的共同之处似乎甚少。然而，即便是非常仓促地扫视一下历史，也会让我们看到：这二者一直密切相关。有些人是优秀的音乐家，另一些人则不是，但没有一个人对音乐完全无动于衷。并非人人都能欣赏贝多芬的弦乐四重奏或德彪西的歌曲，但如果你听到的是一支铜管乐队演奏的军队进行曲，或维也纳华尔兹的快乐音符，或热爵士，或热带丛林里的咚咚鼓声，恐怕很少有人毫无感觉。对我们当中大多数人来说，音乐是一个深切情感和强烈幸福的源泉。

　　如果音乐让身体健康的人都为之感动的话，那么，对于那些情绪平衡不那么稳定、更容易接受外界刺激的病人，必定会留下更为深刻的印象。"从神那里来的恶魔临到扫罗身上的时候，大卫就拿琴，用手而弹，扫罗便舒畅爽快，恶魔离了他。"（《旧约·撒母耳记上》第 16 章第 23 节）阿斯克勒庇俄斯用药、用刀、用抚慰人心的歌唱来治疗病人。咒语不仅仅是一连串的魔法言辞，它们还有音调，必须对着病人吟诵咏唱，正像 incantatio（咒语）这个单词所

◆ 仙乐飘飘

暗示的那样。

　　在古代，音乐一直被应用于治疗疾病。我们在前面的一章中曾提到过音乐在毕达哥拉斯学派中所占据的重要位置。西西里学派的医生也使用音乐，据卡留斯·奥雷利亚努斯说："另外一些人赞成使用歌曲（cantilena），正如菲利司提翁的兄弟在《论治疗》（*On Remedies*）第 22 卷中所评论的那样，他写道，某个吹风笛的人对着身体的疼痛部位吹奏悦耳的曲调，在疼痛被消灭之后，不断颤抖、抽搐的身体便得以缓解。"哲学家们也提到过音乐的治疗作用。奥卢斯·格利乌斯的《雅典之夜》（*Attic Nights*）中有一段很重要的文字，跟这个主题有关，他说："我最近在狄奥弗拉斯图的《论灵感》（*On Inspiration*）一书中偶然发现这样一段话：很多人相信，当臀部的痛风疼得最厉害的时候，如果长笛演奏者吹奏抚慰人心的旋律的话，那么疼痛就会得到缓解。在德谟克利特的《论致命传染病》（*On Deadly Infections*）一书中，也说长笛音乐可以治疗蛇咬伤——如果演奏得熟练而悦耳的话。在书中，他让我们看到，长笛音乐可以治疗很多人所共患的疾病。人的身体与精神之间的联系是如此紧密，因此身体和精神的疾病及其治疗也密切相关。"在这些作者看来，音乐似乎就是一种精神疗法，通过心智的媒介对身体发挥作用。后来的医生更有怀疑精神，比如公元 2 世纪的索兰纳斯，他认为："那些相信轻歌曼曲（modulis et cantilena）可以赶走剧烈病痛的人都是傻瓜。"然而，毋庸置疑，音乐疗法继续被人们应用，即使医生不用，无以数计的江湖郎中、神父牧师和巫师术士也会用，他们在古罗马、也在都城之外找到了大量的主顾。

很明显，这种习惯一直持续到了中世纪，到这时，音乐在宗教仪式中扮演了一个如此重要的角色，宗教医学占据着如此显著的位置。那首被归到彼得鲁斯·迪亚科努斯名下、赞美施洗者圣约翰诞生的圣歌，据信对伤风感冒有很好的治疗效果，这多半是由于它的文字：

> 神的仆人以诚挚的歌声，
> 赞美令人惊叹的神迹，
> 以除去他们言语间的罪恶，
> 啊！圣约翰，我们赞美你。

当王公贵族生病的时候，他们的宫廷乐师就会编写专门的乐曲，即使治不好他们的病，至少也可以让他们高兴起来。有一次，教皇卜尼法斯八世碰巧要服用泻剂，并将被抽血。他那位学识渊博的宫廷乐师兼宫廷诗人波奈乌图斯·德·卡森蒂诺写了两部作品来纪念这一事件。他把这两部作品连同一封信寄给了教皇的随身医师麦基斯特·阿库尔修斯，信中他请求阿库尔修斯把它们拿给圣父看，"因为我相信，他会赞赏作者的奉献，或者——更有可能——对他的奇思妙想付之一笑"。这两部作品被保存在梵蒂冈手稿档案中，最近得以发表。第一部作品是一首歌谣，文字很长，随意地把医学问题和灵魂问题混为一谈。第二部作品是一首圣歌，赞美教皇的静脉切开手术。

◆ 梵蒂冈

　　教皇卜尼法斯八世未必生了病，因为在中世纪，人们习惯于服用泻剂，并定期抽血，尤其是在春天，以此作为一项保健措施。然

而，曼图亚侯爵弗兰西斯科·贡札加的情形就不同了，他是伊莎贝拉·黛丝帖的丈夫，他的宫廷是意大利文艺复兴时期最辉煌的宫廷之一。侯爵是一个健康状况很糟糕的病人，他患梅毒已经很多年，当时，意大利人把这种病称作 morbo gallico（意大利语：高卢病），而法国人则反唇相讥，称之为"那不勒斯病"。弗兰西斯科·贡札加死于 1519 年，但在两年之前，即 1517 年，他的宫廷乐师兼好友玛切托·卡拉为主人的疾病创作了一首四声部的弗罗托拉（frottola）。像托斯卡内拉（toscanella）、莫雷斯科（moresco）和维拉内拉（villanella）一样，弗罗托拉也是一种歌曲类型，在文艺复兴时期的意大利非常受欢迎。它源自于民间音乐，而玛切托·卡拉的这支曲子，尽管题材令人厌恶，但曲调却非常简单，优美迷人，想必让侯爵大为高兴。

当然，音乐还被用在对疾病守护圣徒的崇拜仪式中。我曾在一家旧书店找到过一本有趣的书，书中有一位匿名作者写的赞美圣塞巴斯蒂安的音乐，标题是《特殊病害的守护者、光荣而神圣的殉教者圣塞巴斯蒂安的生平和行为》（*Vita et gesta gloriosissimi martyris Sancti Sebastiani, singularis contra pestem patroni*）。书中的文字包括圣塞巴斯蒂安的传说，从他的出生，到他的殉教，是用拉丁文和德语的韵文形式写成的。音乐显示了意大利的影响。我曾经让人在约翰·霍普金斯大学的医学史研究所演奏过它。

2. 舞蹈症探秘

在这一章中，我特别想讨论的是一种古怪的疾病，其唯一的治疗方法是音乐，这就是舞蹈症（tarantism）。

这种病发生在意大利的阿普利亚，几个世纪以来，它似乎一直局限于那里。中世纪的文学作品中经常提到它，但这些作者大多只是通过道听途说才知道这种疾病。然而，幸运的是，我们有了来自两位值得信赖的医生的报告，他们就生活在阿普利亚，亲眼目睹过这种病的发作，写下了详细的病史。其中一位是埃皮法尼乌斯·费迪南德斯，在他出版一部医学观察材料集之前，已经在阿普利亚执业行医 20 余年。另一位是 17 世纪首屈一指的医学机械专家乔吉奥·巴格利维，他出生于拉古萨，被一位医生收养，他一生中的部分时间是在那一地区度过的。应瑞士医生 J．J．曼格特的要求，他为《实用医学书目》（*Bibliotheca Medico-Practica*）撰写了一篇关于跳舞病的简短报告，但发现这篇报告不能令人满意，于是便在 1695 年就这一课题撰写一部专著。像费迪南德斯的书一样，这部专著也包含大量有趣的病史。

　　第三份关于这一课题的重要材料，是学识渊博的耶稣会神父阿塔纳斯·珂雪的著作《磁体或磁性艺术三部集》（*Magnes sive de Arte Magnetica Opus Tripartitum*），最早于 1641 年在罗马出版。在这本论述各种形式的磁性的著作中，有一部专门献给《音乐的强大磁性》（*De Potenti Musicae Magnetismo*），其中篇幅最长的一章是"论舞蹈症或阿普利亚

◆ 乔吉奥·巴格利维

毒蜘蛛舞蹈症，它的磁性及其与音乐的奇怪共鸣"。珂雪从所有可用的来源，尤其是从阿普里亚的两位牧师寄给他的私人报告中，搜集关于这一课题的信息资料，这两位牧师是彼得·尼古勒卢斯和彼得·加利伯图斯，两人都非常熟悉这种疾病。珂雪的著作，主要意义在于这样一个事实：他搜集并出版了在治疗舞蹈症时所演奏的音乐，这样它才得以传到我们手里。

尽管个别病例似乎在意大利和西班牙的其他地区出现过，但它主要局限在阿普里亚，位于意大利这只靴子后跟部的一个非常闷热的地区。巴格利维用下面这段话描述了这种疾病："上述阿普里亚区向东伸展，其地暴露于东风和北风之下，夏天少有阵雨，总而言之，阿普里亚区暴露在炎炎烈日之下，由于土壤干燥和邻近东部海岸，居民呼吸的空气仿佛就像来自烈火熊熊的熔炉。……气候的这种脾气倒是跟居民的性情气质很般配：因为一般说来，他们都是滚烫、枯焦的体质，黑色的头发，褐色或略显苍白的皮肤，消瘦，急躁，易怒，警觉，在他们所担心的方面非常敏锐，感觉很机敏，而且极为活跃。他们很容易患上发高烧、狂热、胸膜炎、疯狂及其他炎性疾病。而且，这一地区是如此炎热，以至于我曾经看到，有几个人在炎热的驱使下，达到了极度烦躁和疯狂的程度。"在另一个段落，巴格利维强调："在阿普里亚，抑郁症患者和发疯的人，比意大利的任何地区更加常见。……进一步的证据，可以举出疯狗的频繁出现，它们的疯狂被公正地归咎于空气的炎热。但上帝的慷慨仁慈就是如此，那些被疯狗咬伤的人可以去距离莱切约 40 英里的圣维蒂墓，很快就能治好，在那里，这位圣徒的说情使他们可以获得上帝的有利回应。"

沿海地区已经被希腊人殖民化了，成为"大希腊"的组

◆ 7世纪的塔兰托城

成部分。内陆的人口发展非常缓慢，直到今天依然很原始，我们依然可以找到住在前罗马时代那种圆形棚屋里的阿普里亚农民。主要的城市是塔兰托，希腊人称塔拉斯（Taras），罗马人称塔兰图姆（Tarentum）。在塔兰托发展出来的民间舞蹈是塔兰台拉舞（tarantella），在这一地区发现的蜘蛛是塔兰图拉毒蛛（tarantula）。舞蹈症被归咎于毒蛛的螫伤，因此被称作塔兰图拉毒蛛病（tarantismo）。患上这种病的人被称作塔兰塔提（tarantati），或者更普遍地被称作 spezzati、schantati、minuzzati、rotti 或 tramazzati。塔兰图拉毒蛛在意大利及其他南欧国家的各个地方都有出现，但在那些地方，它被认为是完全无害的蜘蛛。因此，巴格利维指出，只在阿普利亚，塔兰图拉毒蛛才是有毒的，在别的地方都不是。

舞蹈症发生在夏天最热的时候，也就是在7月和8月，尤其是在三伏天。发病的人——或睡或醒——会突然跳将起来，感觉到剧烈的疼痛，就像被蜜蜂螫伤一样。有人看到了蜘蛛，有人没有看到，但他们都知道，它一定是塔兰图拉毒蛛。他们窜出房子，奔向大街，跑进市场，极度兴奋地跳起舞来。很快就有人加入他们的行列，要么是像他们一样刚刚被螫咬的人，要么是前些年被咬过的人，因为这种病不可能完全治愈。毒液留在体内，每年被夏天的酷热所激活。据记载，有人在 30 年的时间里每年夏天都要复发。所有年龄的人都受到影响，一个 5 岁的孩子和一个 94 岁的老人曾经同时被咬，但大多数塔兰塔提是年轻人。这种病男女都得，但女人多于男人。大多数患者是"homines rustici similesque femelle"（拉丁文：乡妇村夫），绅士淑女，甚至修士修女，也都不曾放过。所有种族都发作过。费迪南德斯认识一个阿尔巴尼亚人、一个吉普赛人和一个黑人，都曾被毒蛛螫咬，翩翩起舞。

就这样，一群群的患者聚集起来，身着奇装异服，疯狂舞蹈。"有时候，他们的幻想导致他们穿戴着华美的衣裳、古怪的马甲、项链及诸如此类的装饰。……他们最喜欢五颜六色的衣服，大部分是红、绿、黄。另一方面，他们受不了黑色，一看到黑色他们就唉声叹气，如果他们身边有哪个人穿着黑色的衣服，他们就忍不住要打他，喝令他滚开。"还有一些人则会撕扯他们的衣服，赤身裸体，全无羞耻感。几乎所有人手里都拿着几块红布，拼命挥舞，兴高采烈。"在跳舞的过程中，他们当中有些人非常喜欢绿色的葡萄藤或芦苇，把它们抓在手里，在空中挥舞，或者把它们浸在水里，或者把它们绑在自己脸和脖子周围。"有的人取来刀剑，模仿击剑者的动作，还有人拿来鞭子，互相抽打。女人们拿来镜子，哀叹，嚎叫，做着下流的手势。有些人的奇思妙想则更为古怪，他们喜欢在

◆ 舞者

空中摇摆，在地上挖洞，像猪一样在污泥浊水里打滚。他们全都开怀畅饮，像醉汉一样唱歌、走路。自始至终，他们都在跳舞，跟着音乐的声音疯狂地跳舞。

音乐和舞蹈是唯一的特效药，据记载，有人因为没有音乐可用而在一个小时或几天之内而死去。费迪南德斯医生家族里的一位成员——他的表弟弗兰西斯科·佛朗哥——就是因为附近没有音乐而在 24 小时之内死去了。不过，通常情况下乐师近在眼前。事实上，当乐师就在周围的时候，蜘蛛似乎特别有攻击性，而且，音乐似乎比夏天的酷热更能复活患者体内从前的旧毒。在夏天的那几个月里，成群结队的乐师都在这一地区漫游，他们拿着小提琴、各种管乐器、吉他、竖琴、手鼓和小鼓。他们演奏塔兰台拉舞曲，一遍一遍地重复一支曲子，无休无止，速度很快。乐师们在一个地方要呆上几天，有时是一个礼拜，然后，他们继续去下一个村庄。在这个季节，他们能挣不少钱。

音乐不仅仅是器乐，而且还有声乐，珂雪保存了一些歌曲。它们都是情歌，用意大利方言写成，像下面这首：

> 带我去海上吧，
> 如果你想治好我的病。
> 去海上，去海上，
> 我亲爱的人这样爱我。
> 去海上，去海上，
> 只要我活着我就会爱你。

或者像下面这首：

> 那是一只不大不小的毒蛛，
> 那是从瓶里倾倒出的美酒。
> 它咬了你什么地方，告诉我，爱人，
> 哦，是不是大腿，哦，还是乳房。

另一首歌无休止地重复下面这两句诗：

> 毒蛛咬了你哪里？
> 裙子边缘的底下。

　　我之所以不吝篇幅引用这些歌曲，为的是进一步说明一个很明显的结论，即：这种疾病的性特征。

　　跟着音乐的曲调，舞蹈症患者接连数日疯狂地跳舞，持续 4 天是稀松平常的事，有时甚至是 6 天。费迪南德斯甚至知道有人接连跳了两个礼拜，一年发作好几次，不过这种情况并不常见。

　　我们不妨再次引用巴格利维的话："他们常常在日出时分开始跳舞，有些人不间断地一直跳到上午 11 点。然而，也有人停下来，这倒不是因为疲劳，而是因为他们注意到乐器跑调了；发现了这一点，你几乎不敢相信他们的情绪反应多么强烈，他们唉声叹气，心如刀绞，他们会一直这样下去，直到乐器再次同调合拍，舞蹈重新开始。……大约正午的时候，跳舞停止，他们倒在床上蒙头大睡，迫使自己发汗。完事后，他们擦干汗水，吃点肉汤之类的稀食，以恢复体力，因为他们非常缺乏食欲，没法吃

◆ 塔兰台拉舞

更多更好的东西。下午 1 点钟左右，至迟 2 点，他们像之前一样重新开始跳舞，按照上面提到的那种方式，一直跳到傍晚；然后他们再一次蒙头大睡，继续发汗。事毕，他们吃少许点心，躺下睡去。"

在这样跳了很多天之后，患者精疲力尽，病也治好了，至少是暂时治好了。但他们知道，毒素依然在体内，每年夏天，塔兰台拉舞的曲调会让他们再次疯狂。他们当中很多人，尤其是女人，并不在乎，而是喜欢。据说，有人为了参加跳舞而假装发病，她们是恋爱中的女人，要么是感到孤独寂寞的人。很多人故意戒绝房事，为的是在跳舞的时候更疯狂，更富有激情。整个表演有时候被人开玩笑地称作"女人的小狂欢节"。

医生显然对这种奇怪的疾病颇感兴趣。他们接受了流行的理论：把它归咎于毒蛛螫伤，但依然有一些不明之处需要解释。这种蜘蛛仅仅在阿普里亚才有毒。同样是塔兰图拉毒蛛，被运往全国各地之后其毒性便损失大半，剩下的毒素所发挥的作用各不相同。巴格利维曾经让一只兔子在那不勒斯被一只塔兰图拉毒蛛螫咬。第五天，兔子死了，但它没有跳舞，尽管叫来了乐师，演奏了五花八门的曲调。这有些奇怪，因为在阿普里亚，曾经有人看到，一只黄蜂和一只公鸡在被毒蛛螫咬之后也不由得翩翩起舞。毒蛛本身在任何时候，只要听到音乐就会翩翩起舞。1693 年 8 月，那不勒斯一位抱怀疑态度的医生，当着 6 位目击证人和一位公证人的面，让两只毒蛛螫咬了他的左臂。他感觉到一阵刺痛，手臂稍有肿胀，但其他方面他没有感觉到什么有害影响。因此，看来似乎是阿普里亚的酷热激活了病毒，并使之有了特殊的效果。可是，还有一些地区像阿普里亚一样酷热，而且也有塔兰图拉毒蛛出现，然而却没有像舞蹈症这样的事情发生。所有这一切都非常不可思议。

另一个必须解释的问题，是由下面这个事实提出来的：毒素留在受害人的生物体内几十年，除了夏季发作之外，其他时候没有任何症状。然而，这可以被解释为跟梅毒病毒类似。一个人可以表面上治好了梅毒，但多年之后还会再次发病，这意味着病毒依然留在体内。就舞蹈症而言，病毒一直在体内，是炎热和音乐周期性地把它激活了。

医生检查过很多患者，但他们发现的症状都非常含糊。实际上被螫咬的地方有一个局部伤口，被一个乌青色或微黄色的、略微肿胀的圆圈所包围，跟其他昆虫的叮咬并没有太大的不同。另外，患者总是抱怨头痛，呼吸困难，心痛，昏厥，口渴，缺乏食欲，骨骼疼痛。他们经常说，觉得骨头仿佛被折断了似的。由于他们全都跳舞，剧烈的运动足以解释这些症状。

医生们还试验了各种不同的疗法。他们建议，像处理其他有毒动物的咬伤一样来处理创伤：用手术刀切开，或者用放血的办法，为的是抽出毒液。巴格利维建议用烧红的烙铁烧灼创伤，但从未有机会检验这种办法。他们开出的内服药是像糖蜜或白兰地这样的解毒剂。

效果并不理想，更何况绝大多数患者并无创伤。他们是在过去被螫咬的。当舞蹈症患者在盛夏时节疯狂舞蹈的时候，他们自然是大汗淋漓。医生认为，充沛的汗水排出了毒素，从而达到了治疗的效果。于是，他们让患者服用发汗药，从而使之无需跳舞也能大汗淋漓，但并没有任何效果。最后，医生不得不承认：音乐是唯一的治疗办法，不是随便什么音乐，而是在阿普里亚为治疗舞蹈症而演

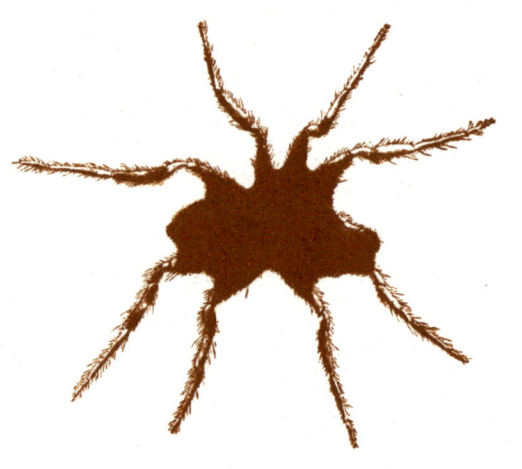

◆ **塔兰图拉毒蛛**

奏了数百年的那些曲调。音乐所引发的跳舞，以及随之而来的大汗淋漓，治好了病人，即使不是永久性地治愈，至少是在这个季节暂时治好了。

作为一位优秀的医学机械专家，巴格利维轻而易举地解释了舞蹈症的发病机理和治疗机制。他写道："这种毒液，就其本身而言必定存在于高度兴奋中，但由于人的体质的多样性，它所产生的效果也就各不相同。其中最主要的效果是浓缩和凝结，是精神的压抑。……尽管塔兰图拉毒蛛有毒，但通过其剧毒物质的活跃，几乎使体液倾向于凝结；借助其组成部分的轻快而活泼的运动，它在某种程度上阻碍了体液的完全凝结，防止了最终沉淀。而且，精神的鼓动有时候也是如此，它们衰退为无意识的、纯粹的痉挛运动。"

在这样一种理论的基础上，很容易解释音乐的作用："很明显……音乐可以使健康人心醉神迷，使之产生模仿所听到的和声的行为，我们很容易调整观点，重新看待音乐在治疗毒蛛螫伤中的效果。很有可能，非常快速的运动通过乐器传递给空气，再通过空气传递给皮肤，传递给精神和血液，在某种程度上溶解和消除了它们不断发展的凝结；而且，这些不断重复的摇摆和振动，溶解的效果随着声音的增强而不断增强，直至最后，体液恢复了它们原初的流体状态。在这个基础上，患者逐渐苏醒，活动四肢，伸臂踢腿，呻吟叹息，剧烈跳跃，直至大汗淋漓，把毒液的种子带出体外。"

舞蹈症似乎在18世纪逐渐消失了。病例依然时有报告，特别是在巴格利维的专著吸引了整个医学界对这一课题的关注之后，他的知名度非常之高，医生和外行都开始打量自己的周围，想知道这种古怪的疾病是否也出现在他们所在的地区。《绅士杂志》（*Gentlemen's Magazine*）1753年9月号发表了意大利音乐研究者斯蒂芬·斯托拉切的一封信，他在安努兹亚塔见过一个病例，并为患者演奏了塔兰台拉舞曲。他把音乐记了下来，附在这封信里。其他地区也偶有病例报告，但总的来说，这种疾病消失了。此外，有人发现，阿普里亚的毒蛛跟其他地区的蜘蛛没有丝毫的不同，它的螯咬所导致的症状完全是无害的。舞蹈症被描述成了一个神话。然而，它毫无疑问是一种千真万确的疾病，几百年来在很多人身上发作过。如果它不是由蜘蛛的毒液导致的，那么它的特性又是什么呢？

费迪南德斯给了我们一丝线索。他说，据有些人讲，舞蹈症压根就不是病，他立即驳斥了这一观点，其论据是：如果舞蹈症纯属子虚乌有，就不会有那么多的穷人，尤其是穷女人，把他们几乎所有的钱都花在了音乐上。他们之所以这样做，是因为他们知道，如果没有音乐和舞蹈，他们就会处在一种非常糟糕的状态。费迪南德斯接着补充道，有人认为舞蹈症是某种类型的抑郁症或精神错乱。这无疑是正确的解释。舞蹈症是一种疾病，但它并不是由毒蛛螯咬导致的。它是一种神经系统的紊乱，是一种古怪的神经官能症。

但如今我们必须试着解释，人们为什么把这种神经官能症跟塔兰图拉毒蛛联系起来，它为什么会表现出这样古怪的症状。这里，费迪南德斯再一次无心插柳地给了我们一丝线索。在讨论舞蹈症的音乐疗法时，他说，它的来源不为人知，但他接着又补充道，希腊的传统在阿普里亚一直非常强大。这一地区曾经是大希腊的组成部分，而且，两位伟大的希腊人毕达哥拉斯和阿契塔都曾在这一地区教学。

无意中，费迪南德斯抓住了问题的关键。我们已经看到，音乐在毕达哥拉斯学派中所扮演的重要角色。在这一地区，像狄俄尼索斯、西布莉、得墨忒耳这样一些古代神祇都受到崇拜，在很多这样的崇拜仪式——尤其是狄俄尼索斯的崇拜仪式——中，都施行过明显带有色情特征的狂欢仪式。人们跟着音乐的节拍疯狂舞蹈，穿着色彩鲜艳的衣服，戴着葡萄叶花环，挥舞着酒神杖，满口污言秽语，撕扯衣服，互相鞭打，开怀畅饮。这些崇拜仪式与舞蹈症症状之间的相似是惊人的。它们之间有什么联系呢？

基督教很晚才传到阿普里亚，并发现，这里的居民原始而保守，一些古代的信仰和习俗在他们当中根深蒂固。在跟异教竞争的过程中，基督教为了赢得当地居民的信任，在很多方面调整了自己。古代的节庆日被保留了下来，并被用来纪念基督教的事件。教堂建在古代举行崇拜仪式的场地上，建在神庙的废墟中。圣徒接管了异教神祇的功能和属性。像游行之类的古代迷信的元素，被以基督化的形式继承了下来。然而，有一些限制教会无法逾越。它不能吸收崇拜狄俄尼索斯的狂欢仪式，而是必须与之做斗争。然而，最根深蒂固的，正是这些诉诸最基本本能的仪式。它们坚持了下来，我们完全可以想象，人们秘密地聚集到一起，表演古老的舞蹈，以及所有与之相伴随的传统节目。这样做的时候，他们是在犯下罪孽，直至有一天——我们不知道确切的时间，但必定是在中世纪——舞蹈的意义完全改变了。古老的仪式似乎成了疾病的症状。

◆毕达哥拉斯（Pythagoras,569B.C.–500B.C.），生于小亚细亚萨摩斯（Samos）岛。曾在埃及游学，后到意大利半岛的克洛顿（Croton）城结社讲学，创立学派。该学派信奉"万物皆数"。

◆ 教堂

音乐，舞蹈，所有野性的狂欢行为，都被合法化了。沉湎于这些活动的人不再是罪人，而是塔兰图拉毒蛛倒霉的受害人。

根据所有的医学证据，近亲繁殖的阿普里亚有很高的精神病发病率，毋庸置疑，绝大多数舞蹈症患者人都是神经官能症患者。舞蹈症是这一地区所特有的神经官能症。与此同时，它还是异教习俗幸存下来的又一个样本，由于它跟医学和音乐的牵连而显得特别有趣。

第12章

文 明 的 脚 步

1. 医学开始时是一门手艺

人一直在遭受疾病的蹂躏。寄生虫侵袭他，所处环境的物理力和化学力在不断干扰其生命的正常进程。当他老去的时候，对这些敌对力量的抵抗力便减弱了，到最后，他死在了它们的攻击之下。但他一直在抵御它们，像其他动物一样，大自然也赋予他最强有力的欲望，驱使他保护自己的生命，延续人类种族。

像其他动物一样，他起初也是凭着本能抵抗疾病，揉搓疼痛的四肢，抓挠痒处，凑近炉火以缓解背部的疼痛。凭着本能，寻找让他强壮的食物，在他觉得不舒服的时候去搜寻能够治病的草药。凭着本能，躲避危险。

但是，大自然赋予人的不止是本能。大自然给了人比其他动物更好的大脑，给了人观察、思考并记住事物的能力，以及借助语言向他人传达自身经历的能力。几千年来，人们在森林里狩猎的时候经常折断自己的腿。当这样的意外发生的时候，受害人便爬回或者被同伴背回自己的洞穴或棚屋。几个礼拜过去，骨折愈合，但腿却短了一截，人也就成了瘸子，不能再去打猎了，要靠他的同胞们养活。有一天，有人想到了拉伸断腿，以防止它变短。这个办法对受害者来说非常痛苦，他拉住折断的一端，并很快注意到，只要一松开，断腿马上再次收缩。接下来，他拿来一块树皮或一根木条，做成了一块夹板，把它绑在断腿上，就这样迫使它保持伸展。结果，受害人康复了，而且没有变成瘸子。这是人类做出的最伟大的外科发现之一。它必定不止发生一次，而是在世界上不同的地方自然而然地发生过多次，这是人的观察能力和创造能力的结果。

文明逐步发展。人获得了掌控自然的力量，学会了管理自然的力量，为的是让自己的生命更安全。人翻耕土地，饲养动物，披荆斩棘，开辟蒿莱，掘井引泉，灌溉沙漠。医学——是保护和恢复健康的艺术——是人类文明的一个方面。像农业一样，医学也是保护生命、使之更安全的一种努力。它的历史，是对整体文明史的反映，正如我们在本书的每一页中所看到的那样——随着文明的进步，人类能够越来越有效地跟疾病做斗争，在这场斗争中，医学是人类最主要的武器。

医学——我是在最宽泛的意义上使用这一术语——始终有两个要素。从一开始，它就是一门手艺，由手艺人通过他们的双手来实施，为了干好这份工作，他不得不精益求精。手工操作的程序常常私相授受，通过文献资料和实践指导，父子相传，师徒相授。外科大夫走过的地方总是比其他医生更多，他们总是追随军队的步伐，转战南北；在外国，他们见识了新的手术技术，向同僚学习新技术，然后把它们带回国内，传授给自己的门徒。因此，外科手术的历史常常很难追踪。外科的知识似乎是从一个地区跳向另一个地区，我们可能没办法找到任何文字上的联系。

手艺绝不局限于外科。古代的医生搜集配药所需的草本植物和矿物质，精心准备自己的综合治疗办法，制作药膏、药丸、干药糖剂和糖浆。他对患者进行熏烟消毒和冲洗，他检查病人，不仅用眼睛，而且还要用手：号脉，感觉皮肤的张力，摸索肿瘤。后来，他学会了操作越来越复杂的诊断仪器和设备。

◆ 外科是一门古老的手艺

医学的手艺当然无法独立于医学理论，但它在某种程度上依然代表了一条单独的发展路线，它的经验主义路线。很多外科手术——比如创伤缝合术、脱臼复位术、断骨夹板术、颅骨环钻术都施行了数千年，几乎没有什么改动。它们是在解剖学知识非常缺乏的时候，根据经验设计出来的。但它们都发挥了作用；它们服务于各自的目的，使用的时候根本不在乎什么理论。以类似的方式，很多药物也是在经验的基础上使用了几千年。一旦人们注意到了蓖麻油、大黄或药西瓜的通便效果，以及鸦片的麻醉效果，它们就会被成功地使用，而不管当时的药理学理论怎么说。理论不得不与实践相适应。希波克拉底学派的医生为病人设计的日常饮食谱，今天依然在使用，其构成基本上是一样的。希腊人知道，它们很管用；我们知道，它们为什么管用。千百年来，患者一直从中受益。

医学的手艺与当时的技术之间，始终存在着某种关系。手术可以用铜刀来做，但钢刀要好得多。颅骨可以用一种手工操作的圆锯打开，但电动环锯工作得更快、更准确。烧灼器可以放在煤火上加热，但电烧灼器可以准确地保持恒定的温度。医学技术总是在人们有机械头脑的时期得到极大的改进。产科钳在 17 世纪被发明出来绝不是盲打误撞。

但是，医学不仅仅是手艺，它也是某个时期一般学问的组成部分，反映了这一时期人们对生活的一般观点——世界观。疾病看上

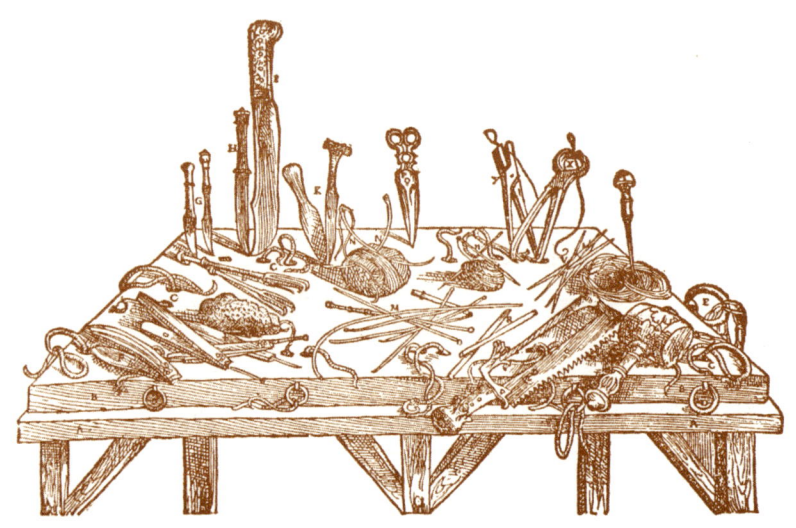

◆ 外科手术和人体解剖的用具

去是一个自然过程，研究疾病，必须像研究其他自然现象一样。原始人就已经知道，如果不仅仅是遵循传统惯例，而且还懂得病因学和病理学的话，他们就能更加有效地战胜疾病。一旦知道了病因，个人就能够保护自己。如果疾病已经爆发，治疗方法可以针对病因消除它，因为 causa remota cessat effectus（拉丁文：原因消失，结果也就消失）。一旦知道了某种疾病的发病机理，使治疗方法和生物体的自愈力有机结合起来，治愈疾病也就成为可能。

2. 健康地活着

人们借助于当时所有可用的智力资源对疾病做出了解释，在前面章节里，我们已经讨论了医学从巫术到宗教、哲学以及最后到科学所走过的漫长道路。医学充分参与了自然科学的伟大崛起，借此，它变得远比过去更加有效。在新的医学科学中，文明已经铸就了一件武器，可以用来努力把人从疾病的古老束缚中解放出来。

文明是一个非常复杂的现象，它既有物质的方面，也有精神的方面。一个国家，可以产生伟大的画家、诗人和哲学家，但是，只要它的婴儿依然像苍蝇一样大批死去，只要芸芸众生依然生活在痛苦和饥饿中，就不能认为它是一个真正的文明国家。另一方面，没有人会因为一个社会达到了很高的生活水平和良好的健康状况，就认为它是一个文明的社会。文明需要对所有精神价值的养育，正是这些精神价值，使生活成为真正的人的生活，并因此是值得过的生活。医学能扮演的角色很有限，但医学很重要，因为它对人类福祉做出了极大的贡献，帮助创造了文化发展的条件。

像整体上的文明一样，医学也很年轻。在人类历史的长河里，

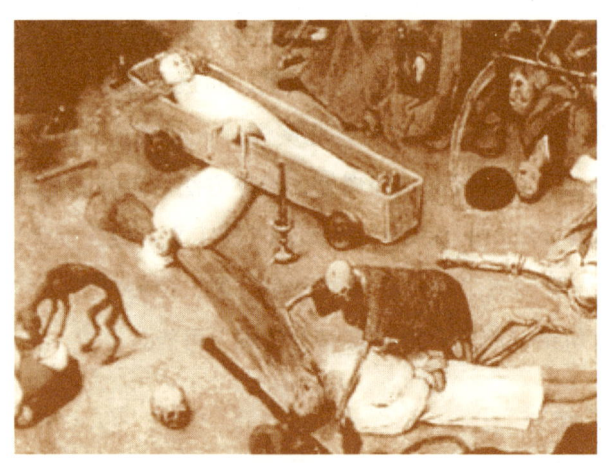

◆黑死病

5000年只是弹指一挥间，但它依然创造了很多，人类的健康状况也有了相当可观的改善，至少在西方世界是这样。更加令人鼓舞的是：前进的速度如今远比过去要快得多。过去100年里所取得的进步，比之前的4900年所取得的进步还要大。因此，我们完全可以预期，不远的将来将会取得更加令人印象深刻的进步，疾病很有可能在今后的几个世纪里被彻底根除。

然而，把健康状况的改善全都归功于医学科学则大错特错。还有另外一些因素，也扮演了同样重要的角色。因为黑死病消灭了大多数麻风病人，所以麻风病实际上从西欧消失了。而鼠疫在18世纪初就从欧洲消失了，其原因尚不十分明显。像普遍检疫这样一些卫生措施无疑很有帮助，但城市的一般卫生条件依然极其糟糕，它们全都鼠患成灾。

自17世纪（当时的医学科学尚不发达）之后，一般死亡率稳步下降。拿一座像伦敦那样迅速发展的城市来说，这一点尤其引人注目。对伦敦而言，有一些令人印象深刻的数字可资利用，其中有些数字我们在前面一章中已经引用过：

年份	人口	年度死亡率（每千人）
1681 ～ 1690	530000	42
1746 ～ 1755	653000	35
1846 ～ 1855	2362236	25

　　仅仅拿公共卫生说事，恐怕不能解释这些数字。在很大程度上，卫生条件的改善必定是生活水平提高的结果。工业化尽管制造了新的健康危害，并在很长时间里对恶劣的工作和生活条件负有责任，但与此同时，它最终提高了千百万芸芸众生的生活水平，在很多国家，如今工业人口当中的卫生条件远比农业人口要好得多。

　　文明以许许多多的方式与疾病做斗争，但医学依然是它最强有

◆ 接种牛痘

力的武器。天花曾经是最大的杀手之一，整批整批地消灭人口。而在 18 世纪，当接种疫苗被引入时，天花便逐渐衰微，随着詹纳发明接种牛痘，它成了一种完全可防可控的疾病。狂犬病、白喉、破伤风、伤寒症、霍乱、黄热病及大量其他疾病都找到了免疫的方法，这极大地减少了它们的发病率，最终必将彻底战胜它们。肺结核已经失去了往日的恐怖，在不久的将来必将彻底消失，至少是从经济发达国家消失。性病正迅速减少，因为我们已经知道了它的病因和发病机理，并发展出了有效的治疗方法。在社会进步到足以接受严厉法律的地方，这两种疾病都将被迅速征服。肺炎，仅仅在昨天还是主要的死因，今天已经可以通过化学疗法来治疗。产褥热及其他致死的链球菌传染病很快就会被认为是过去才有的疾病。

取得巨大进步的，并非只有传染病领域。糖尿病的胰岛素疗法，以及恶性贫血的肝疗法，挽救了成千上万人的生命，仅仅在不久之前，他们还必死无疑。维生素的发现，使得治疗和预防诸如软骨病、坏血病、糙皮病和脚气之类的疾病成为可能。当人们了解了荷尔蒙的特性和功能的时候，内分泌系统的疾病也得到了控制。外科极大地改善了它的手术效果，成功地使它的方法标准化了。这样一来，大手术就可以由每一个有资质的外科大夫来安全地施行。输血方法的改进救了很多人的命，在意外事故成为主要死因的机器时代，这尤为重要。

一个国家的一般健康状况可以通过数字来衡量和表达。一般死亡率指的是一年每 1000 人口的死亡人数。它一直在稳步减少。在大多数国家，18 世纪的这个数字很少在 50 以下，而今天，在西方文明国家，这个数字通常是 8 至 15 之间。在美国，1900 年是

17.6，1936 年减少到了 11.5。后面这两个数字告诉我们，1936 年至少有 75 万人的生命得以挽救，而要是在 1900 年他们就存活无望了。这无疑是一个令人印象深刻的数字。

过去，婴儿当中的死亡率特别高，这一领域所取得的进步最为辉煌。婴儿死亡率指的是每 1000 个新生婴儿在出生头一年死亡的人数，在大多数文明国家，今天的这个数字是 30 至 70 之间，而在 18 世纪，比这要高出 10 倍。

作为健康状况改善的结果，特别是作为婴儿死亡率降低的结果，平均寿命有了相当大的增长。一个在 15 世纪欧洲出生的孩子，其平均寿命是 20～25 岁，而在今天的经济发达国家，平均寿命是 60～66 岁。

毋庸置疑，文明已经成功地使生命所面临的危险远比过去小很多，但任务绝没有完成。我们前面已经提到，改进只在数量相对较少的国家实现了，世界上超过半数人口依然生活在恶劣的卫生条件下，并没有受益于医学科学的进步。当他们依然保持着较低生活水平的时候，不可能把健康从外部带给他们，由于这个原因，他们的问题尤其困难。一只手给殖民地人民接种抵抗疾病的疫苗；另一只手残酷地剥削他们以至于让他们吃不饱肚子，这是一个严酷的笑话。经济自由和教育是所有公共卫生工程的基础。没有这些，所有努力都会付诸东流。

3. 挽救生命

医学科学依然面对着大量尚未解决的问题。即使是在迄今为止进步最大的传染病领域，依然有很多问题我们尚未给出答案。

1918～1919 年间的流感大爆发夺走了 1000 万人的生命，由于流感非常有规律地侵袭世界，一代人一次，我们可以预期另一次毁灭性的流感随时都会出现。对此，我们的准备工作几乎不比 1918 年做得更好。小儿麻痹症今年有所增长，对于防止年轻人由于这种疾病而致残，我们所能做的甚少。普通感冒及并发症虽说并不致命，但它们所导致的暂时丧失工作能力比其他任何疾病都要多，而且我们依然不能预防和治疗它们。

◆ 1918 年"西班牙流感"造成全球流感大爆发

由于今天能够有幸活到老年的人比过去更多，所以就有更多的人死于成人或老年的疾病。我们已经看到，癌症是美国的第二大死因；心血管疾病稳踞第一，它们的死亡率非常之高。这两组疾病并不满足于仅仅夺人性命，它们还长时间地困扰患者，使他们丧失劳动能力，关节炎、风湿病及其他很多慢性病也是如此。

这样的慢性病有时候被称作"耗损病"。随着患者的年龄增长，疾病也在不断发展，而现代生活的紧张和压力则使它们的发展进程得以加速。机器最终会崩溃，我们或许并不能完全防止崩溃，但我们可以学会如何推迟崩溃，因为我们已经能够相当可观地延长此类患者的寿命。

◆ 美国国家健康研究所

　　医学科学依然有很多大问题要解决，但在实验室里，在患者的病床旁，研究工作正在热火朝天地进行。我们的医科学校不再仅仅是教学机构，而且还是积极的研究中心。在年轻学生被训练成一个医生的时候，他跟从事研究的医学科学家建立了密切的联系，他自己也成了一个科学家。在 20 世纪，很多国家建立起像纽约和普林斯顿的洛克菲勒医学研究所这样的独立研究机构。它们要么由公共基金支持，要么由私人资助。现代科学研究耗资巨大，但政府应该认识到，花在医学研究上的钱，是一笔能迅速生利的投资，将带来很高的回报。每一次医学进步的实现，都会减少疾病的发病率，并通过挽救人的生命，从而为社会节省相当可观的财政支出。预防疾病远比治疗疾病更便宜，这原本是一个老生常谈，但依然需要经常重复，因为几乎没有哪个政府依据这一简单的法则行事。

　　卫生条件在经济发达国家有了巨大的改善，这非常令人欣慰，但绝不应该满足于已经取得的成果。我们应该始终把失败和缺点牢

◆ 洛克菲勒大学是一所世界著名的生物医学教育研究中心，是由美国石油大王洛克菲勒建立的。

记在心。不应该为去年的肺结核病例比前年更少而沾沾自喜，而应该为依然有这么多病例而忧心如焚。我们一定不要只根据比率来思考，而且还要考虑到绝对数量。美国的婴儿死亡率或许很低，但我们依然毫无必要地失去成千上万的孩子，这是最令人痛心的。母亲死亡率或许相对较低，但每年依然有成千上万的美国家庭毫无必要地失去妻子和母亲。如果我们停止按照比率来思考，并花上片刻的时间，试着想象一下，这么多家庭由于母亲的死亡而导致的痛苦和悲伤，那么就会认识到，我们没有理由沾沾自喜，因为我们依然有大量的工作要做。

千万不要说卫生条件已经很好，而是要不断地扪心自问：它们是不是已经好得不能再好。答案是斩钉截铁的：不是。我们面对的是疾病知识中的巨大空白——是依然没有有效的方法来治疗很多疾病。在这种情况下，就谈不上伟大的成果，就必须把我们的努力集中在研究上。不过，我们已经知道很多。我们知道很多疾病的原因和发病机理，并有了治疗它们的有效办法。然而，它们依然存在于我们中间。每个社会依然承载了不必要的疾病所带来的沉重负担。在美国，有人估算，三分之一的死亡是过早的，如果人们享受到了医学科学所带来的所有好处，他们就可以活得更长。我们能够在几年之内根除性病，所需的代价只不过是一两艘战列舰的成本，可我们却没有这样做。没有任何借口再让天花和白喉病例出现，伤寒或痢疾的爆发不再是灾难，而是丑闻。

我们还要记住一些小病：那些虽不致命却让人暂时丧失劳动能力的病。在美国，工人平均每人每年由于疾病而损失大约 8 个工作日。这个数字比过去少很多。1873 年，佩腾科弗估计，慕尼黑居

◆ 慕尼黑

民平均每人每年由于疾病而损失 20 个工作日。然而，这 8 个工作日依然意味着美国工业每年要失去 4 亿个工作日。

1914～1918 年间的战争让人们注意到这样一个事实：尽管有了很大的进步，但卫生条件绝不是令人满意的。在眼下的这场战争中，征兵体检显示，将近一半的年轻人不符合严格的健康要求。在很多情况下，他们的缺陷并不严重，很容易矫治。但是，在一个做这件工作所需的人员和设备几乎应有尽有的国家，这些缺陷的存在及其不被人关注这个事实，不能不说是当前形势的一个令人悲哀的注脚。

4. 贫穷·无知是致病的主因

医学科学的进步和卫生条件的改善，其比例绝不是一样的。医学科学所能给予的，远远多于人们实际上所得到的。这种失调，其原因显而易见，人们也讨论过多次，因此在这里我将非常简略地概括一下论点。

健康状况取决于各种各样的因素。一个——而且是非常重要的因素——是社会和经济的因素：贫困是人类的祸根。在一个能够生产人类可能要消费的所有食物的世界上，在一个科学的进步足以系统化地利用大自然的资源、生产可能用得上的所有商品的时代，地球上绝大多数居民的生活水平却依然不允许他们过健康的生活。

贫穷依然是疾病的主要原因，它是一个医学无法直接控制的因素。补救的办法显而易见。生活水平必须提高，不仅在少数几个西方国家，而且在印度、中国、非洲，在世界各地。任何国家不可

◆ 贫穷依然是疾病的主要原因

能以牺牲其他国家的利益为代价而繁荣兴旺，任何群体不可能以牺牲其他群体的利益为代价而繁荣兴旺。世界已经变得如此之小，以至于一个国家的苦难注定要影响到其他国家。如果我们最终学会了把科学的原则应用于社会生活的基本过程，应用于生产、分配和消费，如果我们遵循科学的路线，在全世界范围内计划社会生活，生活水平一定能够提高。

健康状况还取决于教育水平，无知也是疾病的主要原因。不可能从外部把健康带给人民，也不可能把健康强加给他们。当俄国人在十月革命之后重组医疗服务的时候，他们就是这样做的，他们的口号是："人民的健康是人民自己所关切的事。"他们的整个公共卫生工程都是在人民的广泛参与下完成的。除非人民能够且愿意接受医生的建议并与他们合作，否则，我们的努力注定要失败。然而，教育绝不仅仅是读书写字的知识，以及几个半生不熟的关于疾病的概念。它必须传授对健康的积极态度，承认个人对社会的责任，必

须战胜习俗和偏见，而这些在传统的认可下依然在严重妨碍健康的生活。它是一项困难的任务，需要对心理学的理解和圆通，但教育——既包括健康教育，也包括一般教育——是一切健康工作的基础。

健康状况最终取决于医疗服务的效率。除非医学科学被毫无保留地付诸应用，否则就是浪费。我们需要一套这样的医疗服务体系，它能够延伸到每一个人，无论是健康人还是病人，是穷人还是富人。没有理由怀疑，为什么不该建立这样一套体系。更大的组织问题已经解决或正在解决，尤其是在战争的岁月里。

我们所需要的是铁的决心，要成为一个茁壮而健康的民族，要尽可能免于疾病的束缚。我们还必须知道这样一个事实：情况在过去 100 年里已经发生了很大的变化。在两次工业革命之后，社会结构已经不同于过去。医学也发生了很大的变化，这是医学进步的结果。医学成了一个高技术行当，需要一般执业者和专家的通力合作，需要诊所和医院的广泛使用。服务于新社会的新医学，需要新形式的服务。我们必须打破预防医学和治疗医学之间的人为障碍。下面这种做法当然是浪费的——建立起那些贴近人民、给他们建议的高效率卫生中心，然后，在患者需要某种治疗的危急时刻，用这样一句话打发他们：去看你的医生；而他们当中很多人并没有私人医生。

医学的任务是促进健康、预防疾病，当预防失败的时候治疗病人，并在病人被治愈之后使他们恢复正常的生活。这些是高度社会化的功能，我们必须从根本上把医学看作一门社会科学。医学仅仅是社会福利制度链条中的一个环节，每一个文明国家都必须发展这样一套福利制度。如果说我们今天出现了失调，那它在很大程度上要归因于这样一个事实：我们忽视了医学的社会学。长期以来，我们一直把努力集中在科学研究上，并假设：科研成果的应用会水到渠成地自动解决。事情并非如此，医学技术跑得比医学社会学更快。

这不是讨论医学科学重组的地方，但是，在明天的文明社会中，每个家庭都将不仅有家庭医生，而且还有家庭卫生中心，它有权从那里获得它可能需要的所有建议和帮助，作为一种公共服务，而家庭也会与它的卫生中心合作，共同维护民族的健康。医生将会成为公仆——科学家、社会工作者和教育工作者——医学将日益把重点从疾病转向卫生。

为这样的卫生服务筹集经费的问题是次要的，因为比这困难得多的经济问题都解决了。当我们遭到残酷敌人攻击的时候，我们所需要的钱分文不缺。疾病也是敌人，它的进攻或许没有战争那么惊心动魄，却像实际战争中所发生的任何一场进攻一样致命。要想把这场战争打到胜利结束，所需要的钱相对较少，而我们肯定能找到这笔钱。每个个体的健康和幸福是社会的中心关切，人类的团结应该超越国籍、种族和宗教信仰的分界线，这才是文明的真正准则。

结　语

　　此时此刻，当文明看来正在分崩离析的时候，当一场战争正在席卷全球的时候，当所有的智力资源、人工技能和自然财富似乎都被动员起来用于毁灭文明的时候，写这样一本关于文明的书似乎是徒劳无益的。然而，我们必须始终记住，在人类历史的长河中，文明是一个非常年轻的现象，向原始野性倒退的事情注定要发生。在短短 5000 年的时间里，我们已经实现了很多，我们创造出了炸弹无法摧毁的文化价值。这个世界比过去更自由、更公正、更健康——然而还远远不够，这就是为什么有战争的原因。

　　在有限的医学领域里所发生的事情，似乎也发生在整体的世界里：科学技术跑得比社会学要快。我们创造了设计精巧的机器，但没有创造出工业社会所需要的社会经济组织。我们建造了横跨大陆的交通设施，但没有建造出确保国家间和平合作的组织机构。在我们使世界越来越小的同时，也把我们的思考局限于狭隘、自私的民族主义中。机器时代要求我们做出社会和经济调整，不仅在医学领域，而且在任何地方。

　　这场战争尽管恐怖，但它的毁灭性却显示出了新世界临产阵痛的症状。这是一场革命性的战争。受压迫的民族和受压迫的群体正在（或即将）为政治和经济的独立而战，为自由和公正而战，为工作并通过劳动获取保障的权利而战，而这样的权力过去一直拒绝给予他们。

　　我们不知道，这场战争会持续多长时间，它究竟是最终的决战，还仅仅是那场在 20 世纪初变得激烈的冲突中的一场插曲。我们急不可耐，因为我们的一生是如此短暂，我们想看到结果。但历史的脉搏，周期比人的心跳更长。

　　越是研究历史，我对人类的未来就越发充满信心，对眼下这场冲突的最终结果就越少怀疑。这一步必将跨出：从竞争型社会，迈向合作型社会，这个社会将按照科学的原则施行民主的统治；迈向一个人人都有平等责任和平等权利的社会，它们不仅仅是纸上的，而且是事实上的。我们或许看不到这样的社会，但我们的孩子或他们的孩子一定会看到。我们在不断奋斗的同时，其实就是在为新的、更好的文明奠定基础。

人名、地名、译名索引

Beethoven　贝多芬

Burnacini　贝尔尼尼

Berthelot, Marcelin　马塞林·贝特罗

Bichat　比沙

Bismarck　俾斯麦

Blaise　布莱兹

Bleuler, Eugen　尤金·布鲁勒

Blumenbach　布卢门巴赫

Boccaccio　薄伽丘

Boethius　波伊提乌

Bogaert, Abraham　亚伯拉罕·博加尔特

Bologna　博洛尼亚

Boniface　卜尼法斯

Borodino　博罗季诺

Bourget, Paul　保罗·布尔热

Breuer, Josef　约瑟夫·布洛伊尔

Breughel, Peter　彼得·勃鲁盖尔

Brieux, Eugène　尤金·白里欧

Britten, Rollo H.　罗洛·H.布里顿

Broedel, Max　马克斯·布罗德尔

Brouwer, Adriaen　阿德里安·布劳尔

Brussels　布鲁塞尔

Buchner　毕希纳

Bullein, William　威廉·布勒林

图书在版编目 (CIP) 数据

疾病与人类文明 ／（美）亨利·欧内斯特·西格里斯特著；秦传安译．—北京：
中央编译出版社，2016.7（2020.4 重印）
ISBN 978-7-5117-3044-2

I. ①疾… II. ①亨… ②秦… III. ①疾病－关系－世界史－文化史－研究
IV. ① K103

中国版本图书馆 CIP 数据核字 (2016) 第 144570 号

疾病与人类文明

出 版 人：葛海彦
出版统筹：董 巍
责任编辑：曲建文
责任印制：尹 珺
出版发行：中央编译出版社
地 址：北京西城区车公庄大街乙 5 号鸿儒大厦 B 座 (100044)
电 话：(010) 52612345（总编室） (010) 52612370（编辑室）
(010) 52612316（发行部） (010) 52612317（网络销售）
(010) 52612346（馆配部） (010) 55626985（读者服务部）
传 真：(010) 66515838
经 销：全国新华书店
印 刷：河北下花园光华印刷有限责任公司
开 本：880 毫米 ×1230 毫米 1/32
字 数：231 千字
印 张：10.5
版 次：2016 年 7 月第 1 版
印 次：2020 年 4 月第 2 次印刷
定 价：36.00 元

网 址：www.cctphome.com 邮 箱：cctp@cctphome.com
新浪微博：@ 中央编译出版社 微 信：中央编译出版社 (ID：cctphome)
淘宝店铺：中央编译出版社直销店 (http://shop108367160.taobao.com) (010) 52612349

本社常年法律顾问：北京嘉润律师事务所律师 李敬伟 问小牛
凡有印装质量问题，本社负责调换，电话：010-55626985